Publié pour la première fois aux États-Unis en décembre 2015 par Little, Brown and Company, un département d'Hachette Book Group, Inc, sous le titre *The life changing magic of not giving a fuck.*

Sarah Knight

La magie du J'EN AI RIEN À F**TRE !

Adoptez la méthode MêmePasDésolé

Traduit de l'anglais (États-Unis) par Luce Michel

MARABOUT

Avertissement !

Ce livre est consacré à l'art de n'en avoir rien à foutre. Histoire d'évaluer mes méthodes et de les mettre en pratique, j'avoue avoir éliminé de ma vie de nombreux objets, concepts, événements, activités et personnes. Il est possible que vous ne soyez pas d'accord avec certains de mes choix. Pas de souci. Peut-être vous reconnaîtrez-vous dans ces pages – en particulier si vous êtes parent de jeunes enfants, fan de karaoké, un de mes amis, membre de ma famille ou encore un de mes anciens collègues. Dans ce cas, soit vous avez tapé dans le mille, soit vous êtes complètement à côté de la plaque. Quelle que soit la situation, si ce que j'ai pu écrire vous a choqué, alors aucun doute : vous avez **vraiment** besoin de ce livre. Rendez-vous immédiatement page 35 : « Vous devez arrêter d'en avoir quelque chose à foutre de ce que pensent les autres »

Sachez que cette parodie n'a en rien été initiée, approuvée, reconnue, avalisée ou autorisée par Marie Kondo ou ses éditeurs.

Sommaire

III – N'EN AVOIR RIEN À FOUTRE

IV – QUAND LA MAGIE DU J'EN AI RIEN À FOUTRE CHANGE RADICALEMENT VOTRE VIE

La magie du J'EN AI RIEN À F**TRE !

INTRODUCTION

Si vous êtes comme moi, vous vous prenez la tête à propos de bien trop de choses depuis bien trop longtemps. Vous êtes écartelé, écrasé par le poids du quotidien. Vos responsabilités, vos engagements vous stressent, vous angoissent, voire provoquent des crises de panique.

La magie du «j'en ai rien à foutre!» est pour tous ceux qui bossent trop, ne s'éclatent pas assez et n'ont jamais assez de temps à accorder aux gens et aux choses qui les rendent vraiment heureux.

J'étais presque trentenaire quand j'ai commencé à réaliser qu'il était possible de se foutre de bien des choses. Mais la quarantaine se profilait à l'horizon quand j'ai compris comment y parvenir à une plus grande échelle. Ce livre est le point culminant de tout ce que j'ai appris à ce sujet, un testament au plaisir que j'en ai retiré, et un guide pour ceux qui souhaitent se libérer des prises de tête paralysantes pour mener une vie plus saine et plus heureuse.

Si le titre vous semble familier, félicitations! Vous ne viviez pas terré dans une grotte quand *La magie du rangement*, le livre de Marie Kondo, experte japonaise *es* désencombrement, a grimpé au sommet des listes des meilleures ventes de livres dans le monde entier. Des millions de lecteurs ont découvert sa méthode KonMari en deux étapes: repousser les objets qui « ne mettent pas en joie » puis mettre de l'ordre dans ceux qui restent. Le résultat:

un espace de vie épuré, serein, qui, l'affirme Marie Kondo, favorise la transformation, même à l'extérieur de chez soi.

Alors, qu'est-ce qu'un bouquin japonais sur le rangement a à voir avec mon manifeste du « j'en ai rien à foutre ! » ?

J'ai eu peur que vous ne posiez jamais la question !

Aussi guindée, raffinée et efficace que soit Marie Kondo dans l'organisation de votre foutoir, j'ai quelque chose d'autre en boutique pour vous...

RANGER VOTRE TIROIR À PRISES DE TÊTE

Durant l'été 2015, j'ai démissionné après quinze années passées dans la même maison d'édition. Je me suis installée comme éditrice free-lance et auteur. Le jour où j'ai franchi le seuil du gratte-ciel où se trouvait mon bureau – dévalant l'échelle professionnelle plus rapidement qu'une strip-teaseuse sa barre de *pole dance* avant de tirer sa révérence pour la soirée –, j'ai mis un terme à toute une catégorie de prises de tête incluant chefs, collègues, trajet, garde-robe, sonnerie de réveil et tutti quanti.

J'ai cessé de me soucier des réunions commerciales ou des grands-messes de la boîte. Ou de savoir si ma tenue était suffisamment « cool, mais quand même business ». J'ai aussi arrêté de compter mes jours de congé comme un prisonnier grave sur les murs de sa cellule ceux qu'il a passés derrière les barreaux.

Une fois libérée du joug de l'ennui du monde de l'entreprise, je me suis tout naturellement retrouvée avec un peu de temps à ma disposition et la liberté de le passer comme je l'entendais.

Je dormais jusqu'à ce que je me sente d'attaque pour me lever, déjeunais avec mon mari, travaillais à un ou deux projets free-lance (ou allais à la plage) et évitais le métro new-yorkais autant qu'il l'est humainement possible.

J'ai aussi lu un bouquin, devenu un best-seller international : *La magie du rangement*. Comme je suis quelqu'un de plutôt ordonné, je ne pensais pas avoir un besoin vital des conseils de son auteur, Marie Kondo, mais je suis toujours à la recherche d'idées pour rendre mon appartement digne de figurer dans le magazine *Real Simple*. De plus, mon temps m'appartenait : travailler, pioncer ou ranger, j'avais le choix.

Eh bien, laissez-moi vous dire que ce petit livre tient ses promesses. Il était presque... oserais-je dire... *magique* !

En quelques heures, j'avais KonMarisé le tiroir à chaussettes de mon mari, ce qui implique de se débarrasser des chaussettes qu'on n'aime pas et ne porte jamais (ou dans ce cas précis de celles que je savais qu'il n'aimait pas et ne portait jamais), puis de plier les autres afin qu'elles ressemblent à des petits soldats au garde-à-vous. Résultat, quand vous ouvrez le tiroir, elles sont toutes visibles au premier coup d'œil. Après avoir constaté le résultat, mon chéri – qui de prime abord pensait que j'étais totalement cinglée de passer mon temps à organiser son tiroir à chaussettes – s'est converti. Dès le lendemain, il s'est attaqué tout seul au reste de sa commode et de sa penderie.

Si vous n'avez pas lu le livre de Marie Kondo, laissez-moi vous expliquer les raisons d'une telle motivation.

Outre le fait de nous débarrasser de vêtements dont nous n'avions plus besoin ou que nous n'aimions plus (et par conséquent de nous enthousiasmer pour les options restantes), nous avons diminué le temps passé à nous demander quoi enfiler (parce que d'un seul regard on découvrait tout ce qui se trouvait dans le tiroir). Plus rien ne s'y « perdait » (grâce à la méthode Marie Kondo pour le rangement vertical) et la machine à laver tournait moins (parce que nous ne tombions plus dans le piège du « je n'ai plus rien à me mettre » alors que tout un tas de fringues très sympas végétaient en boule dans le placard, derrière les pantalons devenus trop petits).

En d'autres mots : la vie est bien plus belle maintenant que nous pouvons voir toutes nos chaussettes.

Et j'ai passé des semaines à essayer de convertir tous ceux prêts à m'écouter (et beaucoup qui ne l'étaient pas).

Soudainement, avec toutes ces histoires de démission et de rangements de chaussettes, je me suis retrouvée d'humeur à changer de vie !

Je me sentais apaisée, confiante, rien qu'à contempler ma maison nickel chrome. J'aime les surfaces nettes et les meubles de cuisine bien organisés. Mais ce qui me mettait réellement en joie, c'était ce sentiment de liberté après avoir quitté un boulot dans lequel je n'étais pas heureuse – et de refaire de la place dans ma vie pour des gens, des choses, des événements et des activités qui, eux, me rendaient heureuse. Tout cela, je l'avais perdu de vue, non pas à cause de vingt-deux paires de chaussettes en boule, mais de **trop nombreuses obligations et d'un fatras cérébral trop important.**

C'est là que je me suis dit : le problème, ce ne sont pas vraiment les chaussettes, hein ?

Ne vous méprenez pas, j'admire Marie Kondo. Sa façon de ranger est une révolution, surtout quand on pense que le but est d'apporter plus de joie aux gens. Ça a marché pour moi, et il ne fait pas de doute que ça fonctionne aussi pour des millions de personnes partout dans le monde. Mais comme elle l'écrit dans son livre : « la vie commence après avoir fait du tri. »

Eh bien, j'ai fait du tri. La vraie vie a commencé quand je me suis concentrée sur ce qui me pourrissait la vie.

Revenons un peu en arrière.

L'ART DE METTRE SES IDÉES EN ORDRE

Je suis une touche-à-tout de naissance. C'est peut-être aussi votre cas.

En tant qu'autoproclamée brillante perfectionniste, je me suis intéressée à tout un tas de trucs durant mon enfance et mon adolescence. Je me suis attaquée à de nombreux projets, tâches et QCM afin de prouver que j'étais digne du respect et de l'admiration de ma famille, de mes amis et même de simples vagues connaissances. J'ai fréquenté des gens que je n'appréciais pas histoire de paraître bienveillante ; j'ai mené à bien des boulots pour lesquels j'étais surqualifiée histoire qu'on pense que j'étais serviable ; j'ai mangé des trucs que je détestais histoire de me donner l'air charmante. En bref, je me suis dispersée, et ce pendant bien trop longtemps. Ce n'est pas une façon de vivre.

Ma première rencontre avec quelqu'un qui n'en avait vraiment rien à foutre remonte à mes vingt ans. Appelons-le Jeff. Homme d'affaires talentueux, entouré d'un vaste cercle d'amis, Jeff ne s'embarrassait pas à faire les choses qu'il n'avait pas envie de faire. Et pourtant, il était largement apprécié et respecté. Il ne se montrait pas au récital de danse de votre gamin ? Il ne vous attendait pas sur la ligne d'arrivée de votre dix-septième course de cinq kilomètres ? Pas de problème, c'est Jeff, non ? On ne peut plus charmant, sociable, un type dont on ne pensait que du bien, mais qui se consacrait uniquement aux choses qui ne lui pesaient pas : être proche de ses enfants, jouer au golf, être tous les soirs derrière son écran de télé pour *Jeopardy* ! Le reste ?

Rien. À. Foutre.

Et il avait toujours l'air si incontestablement content de lui et... heureux.

Hum, pensais-je souvent après avoir passé du temps en sa compagnie, *j'aimerais bien ressembler plus à Jeff.*

Plus tard, vers vingt-cinq ans, j'ai eu un voisin du dessous qui était un véritable cauchemar. Mais pour une raison quelconque, l'opinion qu'il avait de moi m'importait suffisamment pour que je me soumette à ses requêtes délirantes (comme la fois où il a exigé d'une amie qu'elle caracole dans mon appartement en martelant le sol de ses bottes à talons hauts pendant que j'écoutais avec lui depuis son salon, n'entendant rien, mais reconnaissant vaillamment que c'était « un peu bruyant »). À l'évidence, il était détraqué. Alors quelle importance qu'il m'apprécie ou pas ? Rétrospectivement, j'aurais dû cesser d'en avoir quelque chose à foutre de M. Rosenberg la première fois qu'il a accusé ma colocataire de « lever des poids » dans la chambre au-dessus de la sienne… alors qu'elle était en Europe depuis deux semaines.

À l'approche de la trentaine, je me suis fiancée. J'ai commencé à préparer mon mariage : un festival de prises de tête. Le budget, le lieu, le traiteur, la robe, les photos, les fleurs, l'orchestre, les invités, les invitations (leur formulation et leur épaisseur), les vœux, le gâteau et tout le reste : la liste n'en finit pas. J'éprouvais un intérêt réel pour certaines de ces choses. Pour d'autres, pas du tout. Pourtant, je me suis tout coltiné, parce que je ne savais pas comment me comporter autrement. Au bout du compte, j'étais tellement stressée **qu'il était difficile d'être plus éloignée que ça du bonheur et du plaisir**. Le Grand Jour est enfin arrivé, avec en prime une migraine, des maux de ventre persistants et une urticaire du même rose que les détails floraux de ma robe.

En y repensant, est-ce que me disputer avec mon mari sur le fait de jouer (ou pas) *Brown-Eyed Girl* à la réception méritait le temps que nous y avons (lui comme moi) consacré ?

Est-ce qu'étudier dans les moindres détails la sélection des petits fours était vraiment nécessaire ? D'autant que je n'en ai pas grignoté un seul puisqu'ils ont été servis pendant qu'on posait pour les photos.

Nan.

Mais – et c'est là où j'amorçai le virage, aussi léger fût-il – j'avais remporté une petite victoire : certes, j'avais mis le nez dans la liste des invités (parce que le budget était une *vraie* préoccupation), mais vous savez de quoi je me foutais complètement ? Du plan de table !

Ayant décidé que tous mes invités étaient des adultes responsables et n'avaient pas besoin de mon aide pour choisir une chaise afin d'avoir le privilège d'être nourris, rincés et divertis à mes frais. Je me suis épargnée des heures – une bonne douzaine, voire plus – à examiner des schémas de placements/déplacements de tantes et d'oncles accompagnés de leur conjoint, glissant d'une table à l'autre comme des perles sur un foutu boulier. Gagné !

Une fois passé cet intermè(r)de(ment) matrimonial, j'étais épuisée. J'avais atteint mes limites. Malgré tout, j'avais aussi vu le bon côté de ce plan de table abandonné. Je savais que placer les gens était censé être important pour moi, mais ce n'était pas le cas. J'aurais pu faire passer ce sentiment d'obligation avant mes préférences personnelles, mais non. J'avais tout simplement décidé de n'en avoir rien à foutre, et de laisser les fessiers des uns et des autres atterrir où bon leur semblaient. Quelqu'un s'en était-il plaint ? Absolument pas.

Hum…

Au cours des années suivantes, **j'ai progressivement cessé d'en avoir à foutre de petites choses qui me pourrissaient la vie.** J'ai décliné quelques invitations à des *after work*. J'ai blacklisté de ma page Facebook des gens vraiment horripilants. J'ai refusé d'endurer une nouvelle « lecture » de la « pièce ».

Petit à petit, j'ai commencé à me sentir mieux. Moins accablée. Plus apaisée. J'ai raccroché au nez des télévendeurs ; j'ai dit non à un week-end avec des enfants en bas âge ; j'ai arrêté de regarder la saison 2 de *True Detective* après un seul épisode. Je devenais mon vrai moi, capable de me concentrer plus sur les gens et les choses qui, comme le dirait Marie Kondo, me mettent en joie. Vraiment.

J'ai bientôt réalisé que j'avais moi aussi des idées à partager sur la magie des choses qui changent la vie.

Cela vous rend heureux ? Alors, n'hésitez pas, continuez à vous y intéresser.

Mais peut-être que la question la plus pertinente est : **est-ce que cela vous contrarie ?**

Si c'est le cas, vous devez vous en foutre. Et sans tarder.

Et je vais vous montrer comment y parvenir.

J'ai développé un programme **de rangement et d'organisation de votre espace mental basé sur le « j'en**

ai rien à foutre, où *n'en avoir rien à foutre* signifie *ne pas consacrer du temps, de l'énergie et/ou de l'argent* à des choses qui ne vous rendent pas heureux ni n'améliorent votre vie (donc vous gonflent). Vous avez ainsi plus de temps, d'énergie et/ou d'argent à consacrer aux choses qui le font (donc vous mettent en joie).

Je l'appelle la méthode ***MêmePasDésolé***. Elle se divise en deux étapes :

1) Décider de ce dont vous n'avez rien à foutre.

2) N'avoir vraiment rien à foutre de ces choses.

Bien évidemment, lorsque vous aurez accompli cela, vous devriez ne vous en sentir ***MêmePasDésolé.***

La méthode est plutôt simple, et ce livre vous révèle les moyens et la bonne approche pour l'appliquer. Votre vie quotidienne s'en trouvera radicalement améliorée. **En fait, une fois que vous aurez mis en œuvre la méthode *MêmePasDésolé*, vous ne voudrez plus jamais en avoir quoi que ce soit à foutre et, mieux encore, vous n'aurez plus jamais à le faire.**

N'EN AVOIR RIEN À FOUTRE, C'EST MAGIQUE

Dans ce livre, vous allez apprendre :

- Pourquoi se soucier de l'opinion des autres est une plaie – et comment arrêter de le faire.

- Comment trier vos centres d'intérêt pour identifier plus facilement ce qui vous contrarie et ce qui vous met en joie.

- Des critères simples qui vous permettront de savoir si vous devez ou pas en avoir quelque chose à foutre (c'est-à-dire : est-ce que cela a des conséquences pour d'autres que moi ?).

- Les clés pour n'en avoir rien à foutre sans être un(e) trouduc.

- L'importance d'établir (et de se tenir) à un Putain de Budget.

- Comment maîtriser l'art de vous concentrer sur certaines choses peut transformer votre vie.

- Et bien plus que ça encore !

Imaginez à quel point la vie serait plus belle si vous pouviez dire non à des choses qui ne vous intéressent en fait absolument pas, et disposer de plus de temps, d'énergie et d'argent pour dire oui à celles qui vous font vibrer.

Par exemple, quand j'ai arrêté de me soucier de sortir maquillée alors que je n'allais qu'à l'épicerie du coin, j'ai gagné dix minutes, temps que je passais à lire tranquillement sur le canapé le *US Weekly* que je venais tout juste d'acheter à l'épicerie ci-dessus mentionnée. Ou, quand j'ai cessé d'en avoir quelque chose à cirer de me rendre à des *baby showers* – que j'exècre totalement –, j'ai gagné des dimanches après-midi entiers de liberté !

Et tout ce temps économisé à ne pas me taper des *baby showers*, à quoi est-il consacré ?

Eh bien, pour commencer, je me sers une double vodka, puis on n'est jamais qu'à quelques clics de la commande d'une pompe à lait rutilante. Après quoi, je lève mon verre à la santé des nichons de ma coloc à la fac, qui ont remporté le concours de tee-shirts mouillés à Cabo Wabo au printemps 1998.

À un monde parfait, les filles !

Dix minutes sur Internet *vs* quatre heures à décorer des couches et à boire du punch sans alcool ? Pour moi, la question ne se pose même pas. Pour vous, les *baby showers* peuvent être une activité digne d'intérêt, alors que, je ne sais pas, traîner dans les vide-greniers chaque week-end avec votre moitié à la recherche d'une bonne affaire vous plonge dans les affres de l'ennui.

Ce sont des détails, ça ne compte pas. Ce qui compte, si vous suivez ma méthode *MêmePasDésolé*, c'est que vous aurez l'esprit plus léger, votre agenda sera moins chargé et vous consacrerez votre temps et votre énergie uniquement à des choses et à des gens que vous appréciez.

Ça change la vie. Promis, juré.

PARTIE 1

EN AVOIR QUELQUE CHOSE À FOUTRE OU PAS

Posez-vous les questions suivantes : suis-je stressé ? suis-je surbooké ? suis-je fatigué de la vie ?

Si vous répondez « oui » à l'une des trois, prenez un moment pour vous demander pourquoi.

Je suis prête à parier que je connais la réponse : parce que vous portez de l'intérêt (dans le sens où vous ne vous en foutez pas) à bien trop de choses. Ou, plus précisément, vous croyez devoir vous y intéresser/ne pas vous en foutre.

Je suis là pour vous aider.

Au fil de votre lecture, la notion « porter de l'intérêt/en avoir à foutre » sera déclinée de deux façons :

- Dans le sens de « accorder de l'importance à, se passionner pour, s'occuper de... ». L'étape 1 y est consacrée (le but étant de décider de ce dont vous n'avez rien à foutre).
- Dans une acceptation plus matérialiste, il s'agit du temps, de l'énergie ou de l'argent que vous consacrez à certaines choses ou personnes. Nous nous pencherons sur cet aspect dans l'étape 2.

Dans un cas comme dans l'autre, la seule manière d'avoir une vie meilleure est de cesser de *porter de l'intérêt à autant de choses* qui ne le méritent pas. Ma méthode **MêmePasDésolé** réduit au minimum le temps, l'énergie et l'argent que vous dépensez pour des gens et des choses inutiles. Admettez-le : vous savez exactement de qui et de quoi je parle !

Il faut que ça change. On commence ?

Pourquoi devrais-je en avoir quelque chose à foutre ?

C'est l'une des questions essentielles de l'existence. Ou tout du moins, cela devrait l'être.

Plutôt que de toujours répondre aveuglément Oui, OUI, OUI !!! à toutes les personnes et choses qui pompent votre temps, votre énergie et/ou votre argent (y compris acheter et lire ce livre), la première question à laquelle vous devriez répondre avant de proférer ce sale petit mot de trois lettres est : *est-ce que ça m'intéresse vraiment ?*

Vous ne vous en rendez peut-être pas compte, mais faire preuve d'intérêt pour tout et n'importe quoi est impossible. Car votre intérêt est une denrée précieuse. Si vous vous dispersez trop, vous vous retrouverez à court – exactement comme lorsque votre compte en banque est vide. Résultat : c'est la porte ouverte à l'anxiété, au stress et à l'angoisse. C'est pas bon, ça ! Plus loin dans ces pages, vous établirez un Putain de Budget, qui vous aidera à évaluer et fixer des priorités. Vous arrêterez de vous disperser une bonne fois pour toutes.

Mais avant d'en arriver là, parlons de ce qui *devrait* mériter votre intérêt.

Montrez-vous intéressé si quelque chose – que cela soit un être humain, un objet ou un concept – ne vous prend pas la tête et vous rend heureux. Parfois, le calcul est facile et la décision évidente. Hourra ! Supermotivant. Mais, le plus souvent – raison pour laquelle vous avez besoin de la méthode *MêmePasDésolé* –, vous ne prenez pas le temps d'y réfléchir ou vous faites le mauvais calcul.

La plupart des gens se dispersent sans même y penser. La culpabilité, ou l'anxiété, explique ce comportement, certes moins désagréable envers les autres, mais qui agit au détriment de leur propre niveau d'emmerdement/bonheur.

Cela n'a aucun sens. C'est même contre-productif si on souhaite mener une vie meilleure. (Si ce n'est pas le cas, autant arrêter là votre lecture.)

Vous êtes toujours là ?

OK, alors, répondez donc à cette question : plutôt que vous sentir coupable, soumis à des obligations et **anxieux, vous ne préféreriez pas vous sentir épanoui, ouvert et insouciant ?** Vous seriez comme le Père Noël, sauf que, au lieu de trimbaler des jouets, vous vous baladeriez avec un gros sac rempli de votre attention, que vous n'accorderiez qu'aux enfants qui la méritent à vos yeux.

Alors, cessez immédiatement de dire oui pour faire plaisir aux autres et prenez plutôt un moment pour vous interroger : **la chose en question vous intéresse-t-elle ? Mieux encore, est-elle digne de l'intérêt que vous lui portez (c'est-à-dire de votre temps, de votre énergie et/ou de votre argent) ?** Et donc d'apparaître dans votre Putain de Budget.

Ce n'est qu'après avoir répondu avec honnêteté à ces questions que nous pouvons nous intéresser à des gens et des choses, des tâches et des événements, des idées et des activités qui nous pèsent moins, et qui, par conséquent, procurent un maximum de bonheur.

Réfléchissez : nous passons notre vie à osciller entre le oui et le non, entre ce qui nous coûte ou pas. Si vous poursuivez le chemin sur lequel vous vous êtes engagé, à la fin de chaque journée, semaine ou mois, vous êtes sûr de vous retrouver à racler les fonds de tiroir de vos intérêts personnels – et vous vous rendrez alors compte que tout le monde a bénéficié de votre générosité, sauf VOUS.

La méthode *MêmePasDésolé* est là pour changer cela.

Il est temps de renverser la vapeur, d'échapper à votre destin et d'arrêter d'accorder de l'importance aux mauvaises choses pour les mauvaises raisons.

N'en avoir rien à foutre : les fondamentaux

N'en avoir rien à foutre signifie penser à vous d'abord – comme placer votre propre masque à oxygène dans l'avion avant d'aider les autres à mettre le leur.

N'en avoir rien à foutre signifie vous autoriser à dire non. Je ne veux pas. Je n'ai pas le temps. Je n'en ai pas les moyens.

N'en avoir rien à foutre – définitivement – signifie vous affranchir de l'inquiétude, l'anxiété et la culpabilité dont s'accompagne le fait de dire non. C'est vous permettre d'arrêter de passer le temps que vous n'avez pas avec des gens que vous n'aimez pas à faire des choses que vous ne voulez pas faire.

N'en avoir rien à foutre signifie réduire votre fatras cérébral et vous débarrasser des gens et des choses qui vous contrarient, libérer de l'espace pour vraiment apprécier les choses qui vous *intéressent*.

Ça peut sembler égoïste, et ça l'est. Mais cela crée aussi un monde meilleur pour tous ceux qui vous entourent.

Vous arrêterez de vous soucier des choses que vous avez à faire pour commencer à vous concentrer sur celles que vous *voulez* faire. Vous serez plus épanoui et plus créatif dans votre boulot ; vos collègues et vos clients en profiteront. Vous serez plus reposé et plus agréable à fréquenter. Peut-être passerez-vous plus de temps avec votre famille – ou peut-être moins, rendant les moments que vous partagez d'autant plus précieux.

Et vous aurez plus de temps, d'énergie et/ou d'argent à consacrer à la construction d'une vie meilleure. Les gens qui pratiquent la magie du « j'en ai rien à foutre ! » GAGNENT.

Vous voulez en être, non ?

Qui sont ces personnes légendaires qui n'en ont rien à foutre ?

Selon mon expérience, les gens qui n'en ont rien à foutre appartiennent à l'une de ces trois catégories :

- Les Enfants
- Les Trouducs
- Les Esprits éclairés

LES ENFANTS

En gros, les enfants ont touché le jackpot. Ils n'en ont rien à foutre, parce qu'ils n'en ont pas *besoin*. Généralement, les adultes répondent à leurs besoins basiques. Et même si ce n'est pas le cas, les enfants sont incapables de voir la différence. Réfléchissez : si quelqu'un d'autre se chargeait de votre lessive à longueur de temps, est-ce que vous vous inquiéteriez de renverser de la patate douce sur vos genoux ou de retourner votre petit-suisse sur votre tête ? Non, bien sûr que non. Si tout ce que vous aviez à faire pour obtenir un verre d'eau ou un nouveau jouet était de hurler à pleins poumons, est-ce que vous chercheriez à savoir où vous avez posé votre verre précédent ? Est-ce que ça vous ennuierait d'avoir noyé Sophie La Girafe dans les toilettes ? Nan ! Et si vos capacités motrices fines n'étaient pas entièrement développées, est-ce que vous essaieriez de nouer vos lacets ? Même pas en rêve !

Les enfants n'ont pas l'expérience de la vie, ce qui explique en partie pourquoi ils n'en ont rien à foutre. Tout est bien rangé dans leur tête parce que la connerie du monde qui nous entoure ne s'y est pas encore accumulée. Ils n'ont rien à y mettre en ordre.

Sales petits veinards.

Mais la vie est injuste, et eux, tout comme vous, ne resteront pas toujours des enfants. À un moment donné, on doit tous faire avec et cesser de porter des baskets à velcro. Ce qui dépend entièrement de vous, en revanche, c'est de retrouver le chemin jusqu'à ce point d'équilibre magique où le fardeau de l'âge adulte est allégé par un zeste de l'enthousiasme enfantin du « j'en ai rien à foutre ».

LES TROUDUCS

Ensuite, nous avons les trouducs. Les trouducs n'en ont rien à foutre parce qu'ils sont génétiquement prédisposés à obtenir ce qu'ils veulent. Peu importe ceux qu'ils blessent, sur qui ils marchent ou – eh oui – qui ils empapaoutent au passage. (Note : certains enfants sont aussi des sales gosses, mais ce n'est pas le propos ici.) Contrairement à mon pote Jeff, ces gens ne sont généralement ni respectés ni aimés. Craints, peut-être, mais appréciés, certainement pas.

Si être apprécié est important à vos yeux, vous ne voulez pas devenir un trouduc. Évidemment, vous vous retrouveriez ainsi avec quelques soirées libres dans votre emploi du temps hebdomadaire. Mais pas parce que vous assumez vos choix et

10 CHOSES DONT LES TROUDUCS N'ONT RIEN À FOUTRE

- L'espace personnel des autres.
- Faire attendre.
- Parler fort dans un compartiment de train silencieux.
- Jeter leurs détritus sur la voie publique.
- Les pourboires.
- Lâcher des odeurs nauséabondes dans des espaces réduits.
- Utiliser correctement leur clignotant.
- Bloquer l'escalator.
- Ramasser les crottes de leur chien.
- Être considérés comme des trouducs.

faites passer en priorité les endroits où vous avez envie d'aller, avec les gens que vous avez vraiment envie de voir. Non, cela sera tout simplement parce qu'on ne vous invitera plus.

Ma méthode a pour but de vous montrer comment vous pouvez avoir tout ce que vous voulez – et plus rien de ce que vous ne voulez pas – tout en étant aussi considéré comme un pote réglo. Ce qui m'amène aux…

LES ESPRITS ÉCLAIRÉS

Croyez-moi : vous pouvez atteindre ce stade sans devenir un trouduc. Il est en effet possible de retrouver cet état enfantin d'indifférence tout en ayant une conscience de soi que des enfants ne peuvent revendiquer. Personnellement, la liste des choses dont je me soucie encore est longue (être à l'heure, avoir mes huit heures de sommeil, la pizza maison). Être polie y arrive même en tête. Franche, mais polie.

Par exemple, si vous êtes le genre de personne qui envoie un mot de remerciements manuscrit à ses amis après avoir passé le week-end dans leur maison de campagne, il y a peu de chance que lesdits amis s'offusquent lorsque vous déclinerez leur prochaine invitation... à les rejoindre à une fête médiévale.

Il ne s'agit que de bon sens. Vous aimez les résidences secondaires et détestez les fêtes médiévales ? Envoyez un mot de remerciements ; ne soyez pas un trouduc. C'est gagnant-gagnant !

Comment puis-je entrer dans l'une de ces catégories ?

La magie du « j'en ai rien à foutre ! » est destinée à vous aider à atteindre un état d'éveil dans l'art d'en avoir quelque chose à foutre (ou pas) **sans que vous fassiez les mêmes erreurs que moi.**

Je serai à vos côtés à chaque étape du processus. Je vous aiderai à répertorier vos centres d'intérêt. Je vous apprendrai à identifier quand il est nécessaire d'avoir quelque chose à cœur et comment, lorsque ce n'est pas le cas, agir sans devenir un trouduc.

Vous savez, mon propre cheminement vers une vie débarrassée de prises de tête inutiles n'a pas été sans obstacle. Au tout début, j'ai commencé à en avoir rien à foutre au petit bonheur la chance. J'ai atteint des sommets gigantesques de *MêmePasDésolé* avec mes amis et ma famille – par exemple en déclinant une invitation à une circoncision avant même qu'elle ne soit formulée. J'étais si impatiente de n'en avoir rien à foutre des cérémonies religieuses que j'ai oublié d'avoir en revanche quelque chose à foutre des sentiments de mon ami. Au moment même où partait mon e-mail intitulé « Pour votre info, je zappe les circoncisions », sa femme accouchait de leur fils premier-né. Aïe. Je suis encore désolée de m'être comportée comme ça.

J'ai affiné mon approche.

« Ne pas être un trouduc » est au cœur même de la méthode *MêmePasDésolé*. Après tout, je ne voulais pas perdre mes amis. J'avais seulement envie de gérer mon temps de façon plus efficace afin d'en tirer plus de plaisir (et moins de désagréments) en étant avec mes amis.

J'ai découvert qu'un mélange de franchise et de politesse, exercées en tandem et poussées jusqu'à divers degrés (qui dépendent de ce que requiert la situation ; voir « mauvais timing dans l'envoi de mails concernant la circoncision »), permet une transition en douceur vers une dispersion minimale.

FRANCHISE ET POLITESSE : UNE DOUBLE DYNAMIQUE

Si vous voulez atteindre des sommets de *MêmePasDésolé* lors de votre progression vers le rien à foutre, la franchise ou la politesse utilisée seule ne suffira pas. Vous pouvez être extrêmement sincère, mais très impoli, ce qui implique qu'il faudra vous excuser. Ou vous pourriez être super poli et un foutu menteur. Mentir poliment est une chose, mais si vous êtes pris en flagrant délit d'un mensonge monstrueux, je vous assure que vous allez être désolé, ce qui est contraire au but même de la méthode MêmePasDésolé. La clé est de les mêler pour en faire une combinaison parfaite comme Laurel et Hardy, Sony et Cher, Batman et Robin. Ensemble, ils sont magiques, touchent en plein dans le mille et sauvent la situation. Et ils ne manquent jamais de féliciter leur partenaire, même si parfois l'un deux brille un peu plus que l'autre, ou est mis en pièces par un tigre.

Mais le précurseur fondamental à la mise en œuvre de ma méthode *MêmePasDésolé* – avant même d'arriver à l'étape 1 ou d'être franc et poli – est d'arrêter d'en avoir quelque chose à foutre de ce que pensent les autres.

Voyons ça en détail.

Vous devez arrêter d'en avoir quelque chose à foutre de ce que pensent les autres

Si la méthode *MêmePasDésolé* est la clé qui permet à la magie d'entrer dans votre vie, n'en avoir rien à foutre de ce que pensent les autres est la première porte à franchir. Autrement, vous allez patauger dans les douves du Château de l'éveil, dépensant toute votre énergie à vous maintenir la tête hors de l'eau et à repousser des alligators affamés.

N'en avoir rien à foutre de ce que pensent les autres pave le chemin vers l'étape 1 (décider de n'en avoir rien à foutre). Vous serez ensuite capable d'exprimer vos décisions de façon positive et constructive en attaquant l'étape 2 (s'en foutre vraiment). Et vous pouvez y parvenir sans offenser ou mettre en colère qui que ce soit ! (À moins que cela ne soit votre objectif ; ça peut être sympa parfois.)

Mais commençons par le commencement.

Par pitié, ne vous bouchez pas les oreilles quand j'évoque la honte et la culpabilité que vous éprouvez lorsque vous vous efforcez de n'avoir rien à foutre de quelque chose. Généralement, ce n'est pas parce que vous avez tort de ne pas vous y intéresser. C'est parce que vous vous inquiétez de ce que les autres pourraient penser de votre décision.

Vous savez quoi ? **Vous n'avez aucun contrôle sur ces pensées.**

M'enfin, c'est déjà assez difficile comme ça de savoir ce que vous avez dans le crâne ! Croire que vous avez la moindre prise sur ce que les autres ont à l'esprit est futile. Pire encore, c'est du gaspillage, la recette parfaite pour se planter dans les grandes largeurs.

Quand il s'agit de la façon dont vos centres d'intérêt impactent les autres, la seule chose que vous pouvez maîtriser, c'est votre comportement face à leurs sentiments et non leur opinion. Je reviendrai plus en détail sur ces deux composants liés au « ce que pensent les autres ». Mais pour l'instant, concentrons-nous un moment sur ma méthode pratique : se soucier des choses que vous pouvez et ne pouvez pas contrôler.

Lorsque je me débattais avec le projet de quitter mon emploi pour me lancer en free-lance, chacune des implications de ma décision me rendait extrêmement anxieuse – abandonner mon « plan de carrière » et plomber mon compte se trouvaient en tête de liste. Mais je me rongeais aussi d'inquiétude à l'idée de ce que les autres (amis, famille, chef, collègues) penseraient. *Elle est paresseuse ? capricieuse ? soudain trop riche pour travailler ? Elle s'en tape de savoir qui prendra la relève et comment ?*

Maintenant que je suis une praticienne aguerrie du ***MêmePasDésolé***, je peux décortiquer ces sentiments.

1) J'étais heureuse de travailler, je n'avais juste plus envie de travailler comme ça. Si les gens pensent que je suis paresseuse, c'est leur foutu problème.

2) J'ai beaucoup réfléchi et mûri ma décision, mais même si j'avais agi sur un coup de tête, cela ne regarde personne d'autre que moi.

3) Et non, je n'ai pas gagné au Loto (mais si cela avait été le cas, allez vous faire voir : vous aussi vous auriez démissionné, et vous le savez).

Avec le recul, ces inquiétudes apparaissent relativement sans importance. La plus grosse était en fait de savoir si, en quittant mon job, j'allais temporairement *perturber le quotidien d'autres personnes*, et si, dans ce cas, elles seraient contrariées et m'en voudraient.

Et vous savez quoi ? **Vu sous cet angle-là, je choisis la catégorie « ce n'est pas mon problème » pour 1 000 balles !**

J'ai dû décider de n'avoir rien à foutre de ce qui échappait à mon contrôle (comme le temps qu'il faudrait à mon employeur pour me remplacer) pour me concentrer sur ce que je POUVAIS contrôler (comme ne pas me lever à sept heures du matin pour quitter mon bienheureux mari endormi et une superbe vue sur le parc afin de passer quarante-cinq minutes dans une rame de métro puante pour me taper un boulot que je n'avais plus envie de faire).

Au lieu de cela, j'ai commencé à m'intéresser à des trucs comme d'où viendra mon prochain job et garder mon site Web à jour. Mais je m'y consacre avec joie parce que la vie de free-lance me permet de dormir plus tard. Et de passer plus de temps avec mon mari. Cerise sur le gâteau, mon trajet est maintenant d'environ trente pas, soit la distance entre mon lit et mon canapé.

Une fois bien maîtrisée la différence entre en avoir à foutre de quelque chose et en avoir à foutre de ce dont les autres pensent que je devrais avoir à foutre (c'est bon, vous me suivez ?), tout s'est mis progressivement en place.

Sentiments vs Opinions

Il se peut que là, tout de suite, vous hyperventiliez à mort. N'ayez pas honte. Vous pourriez être en train de vous dire : *impossible d'arrêter de me soucier de ce que pensent les autres. C'est dans mon ADN !*

Eh bien, vous savez quoi ? Il a bon dos, votre ADN. Pour améliorer votre vie, vous allez devoir hacker le système.

Deux raisons expliquent que vous ayez tendance à vous préoccuper de ce que pensent les autres. Un : vous ne voulez pas *être* une mauvaise personne. Deux : vous ne voulez pas *avoir l'air* d'être une mauvaise personne.

Évidemment, vous devriez continuer à vous sentir concerné par ce que les autres pensent quand leurs sentiments sont en jeu (c.-à-d. : allez-vous volontairement les blesser et n'en avoir rien à foutre ?). Mais soyez franc : vous savez très bien quand vous blessez quelqu'un. Ne soyez pas un trouduc.

Ce que je vous explique, c'est que vous n'avez pas à prendre en compte ce que pensent les autres lorsque leurs opinions sont en jeu. Et si vous arrivez à apprendre à parler le **langage des opinions**, vous le trouverez très efficace. C'est franc, poli, et extrêmement désarmant ! Vous ne serez pas un trouduc et n'en donnerez pas l'apparence. Et ainsi, vous pourrez arrêter de vous soucier de ce que pensent les autres.

Compris ? Pas tout à fait ?

OK, voyons les choses sous cet angle-là : **en tant qu'êtres humains, nous avons parfaitement le droit d'exprimer un désaccord poli ou de ne pas partager l'opinion d'autrui.** C'est une attitude passive. Cela ne blesse personne et c'est totalement défendable. Vous aimez le beurre de cacahuète sans additif ? Super ! Moi pas. Je trouve ça gluant et répugnant. Y'a pas de mal. Mais imaginons que vous soyez une de mes amies qui vend du beurre de cacahuète bio fait maison et que vous n'arrêtiez pas de m'inviter à des « soirées beurre de cacahuète » avec de tristes petits pots d'une substance visqueuse marronnasse empilés sur le comptoir de la cuisine et que je me sente obligée d'en acheter uniquement pour vous fermer le clapet.

Voilà un tournant décisif. Si je n'en ai rien à foutre du beurre de cacahuète sans additif, pourquoi diable devrais-je dépenser l'argent gagné à la sueur de mon front pour en acheter ?

Je vais vous dire pourquoi : uniquement parce que je viens de m'imaginer en train de vous lancer un *ne m'approche pas avec tes merdes baba cool, espèce de tordue*, ce qui, je n'en doute pas une seule seconde, vous blesserait. Et je n'y tiens pas. Résultat, je suis sur le point de vous donner vingt balles en échange de deux cents grammes d'un magma infâme dont on a l'impression qu'il a été mastiqué par un éléphant malade avant d'être régurgité dans un bocal.

Nan, nan, nan.

Au lieu de cela, je dois vous dire – avec franchise et politesse – que je ne partage pas votre opinion selon laquelle on a envie de porter à la bouche du beurre de cacahuète sans additif. Ce qui implique que je n'achèterai rien ce soir. Ni jamais, d'ailleurs.

Vous voyez où je veux en venir ?

Je prends tes *sentiments* en compte, parce que tu es mon amie (nonobstant cette irritante vente à la sauvette de beurre de cacahuète). Mais je n'ai pas à m'intéresser à ton *opinion* concernant mon (dé)goût pour le beurre de cacahuète sans additif. Je me tape de savoir si tu repars convaincue que mes artères sont bouchées inutilement par des acides grassouillets, tout ça parce que je préfère quand mon sandwich contient un peu d'huile végétale hydrogénée. Après tout, ce sont mes artères. Donc, mon désintérêt pour ton beurre de cacahuète devient une divergence d'opinions.

Vous pouvez donc totalement contourner la difficulté et éviter de froisser votre interlocuteur en regardant votre conflit sous le prisme d'une opinion sans fioriture et dénuée d'émotion.

MêmePasDésolé est entièrement une question d'opinions sans fioriture et dénuée d'émotion.

Quoi qu'il en soit, il existe plusieurs façons de plumer un canard ! (Ouch !) Et si vos divergences d'opinions avec un ami sont le reflet d'une différence de *valeurs* essentielle, vous pouvez faire preuve d'un peu moins de franchise et ajouter une dose de politesse. Dire que vous ne croyez pas aux bénéfices pour la santé de la pâte à tartiner aux cacahuètes bio est un peu différent que d'affirmer que vous ne croyez pas qu'une femme a le droit de choisir, ou que la Palestine doit être libre, ou que les Patriots de Nouvelle-Angleterre sont des sales tricheurs pourris.

Dans ce type de situation, lorsque vous n'avez rien à foutre de l'objet de la discussion, mais que vous ne souhaitez pas non plus en arriver aux poings ou vous retrouver sur la liste des passagers interdits de vol, la seule chose que vous ayez vraiment à faire est d'invoquer le *concept* d'opinion et d'en rester là.

Disons que vous êtes parent et toujours entouré de gens qui ont une *opinion* sur la façon dont vous élevez vos enfants. Vous en avez probablement aussi une sur celle dont ils élèvent les leurs, mais la différence est que vous la gardez pour vous.

Bref, être parent n'est pas une tâche facile et les gens portent un amour inconditionnel à leurs enfants. Garder le cap quand on hésite entre acceptation polie et indignation cinglante face à cet assaut permanent de conseils non sollicités demande des efforts constants. D'autant qu'ils tendent à être très proches de vos valeurs et de celles des autres et, par conséquent, flirtent avec la zone des sentiments.

Voilà donc qu'un jour, comme toute bonne mère (ou père...) qui se respecte, vous êtes au square et que le sujet des enfants qui dorment dans le Lit Parental arrive sur le tapis. Vous êtes d'un côté du débat (peu importe lequel !) et une autre maman – appelons-la Stacey – est de l'autre.

Vous ne voulez pas que Stacey pense que vous êtes une mauvaise mère parce que vous n'êtes pas d'accord avec elle sur combien de temps un enfant devrait être autorisé à ramper sous les couvertures du lit de papa-maman et par là même retarder leur planning sexe-post-bébé. Quel que soit le côté de la barrière où vous vous situez, vous ne tenez pas à ce que votre désaccord offense Stacey, ou à ce que votre enfant soit contraint d'errer seul dans l'aire de jeux avec une clochette autour du cou comme un lépreux.

Jusqu'à aujourd'hui, vous avez probablement opiné en souriant. Peut-être même avez-vous passé vingt foutues minutes à écouter Stacey déblatérer sur le culot de certains parents qui ne se comportent pas du tout comme *elle* pense qu'ils le devraient. Et cet acte d'acceptation passive – sans même parler des vingt minutes qu'il vous coûte – vous ronge comme une bande de termites dévore une poutre.

Vous avez besoin de magie, et plutôt deux fois qu'une !

Donc, la prochaine fois que ce genre de situation se reproduit, contentez-vous de regarder Stacey calmement, de hausser les épaules et de dire : « Je sais, je sais, chacun son opinion. » Puis, changez de sujet pour glisser sur un terrain neutre, comme se demander si George Clooney vieillit bien. (Ce n'est pas le cas. Sommet de la sexytude de GC = *Drôle de vie*... Ah ! les années GC.)

Vous laissez entendre que l'opinion de Stacey n'est pas universelle, mais vous n'avez rien lâché. Vous ne l'avez pas acceptée et n'êtes pas entrée vivement dans le débat. Vous n'avez pas attaqué ses valeurs/heurté ses sentiments durant le procédé, vous n'êtes donc pas une trouduc et ne donnez pas l'impression d'en être une. Vous étiez sincère et polie, et vous pouvez vous éloigner, assurée de savoir que vous n'avez rien à foutre de ce que pense Stacey. Quant à cette dernière, elle ne peut pas vous reprocher le moindre mot sorti de votre bouche.

Quel effet cela vous fait-il ? **MêmePasDésolé !**

Révision : **si l'intérêt que vous portez (ou pas) à quelque chose affecte directement quelqu'un** (comme refuser d'acheter le beurre de cacahuète fait maison d'une amie, ou juger les choix parentaux de quelqu'un), montrez-vous franc et poli en vous exprimant. Essayez d'en faire une divergence d'opinions et, dans 99 % des cas, tout ira bien.

Mais si vous êtes le seul concerné (comme lorsqu'il s'agit de ne pas être maquillée comme un camion volé juste pour descendre à l'épicerie du coin), alors pourquoi devriez-vous vous inquiéter de l'opinion d'autrui ? Laissez donc autrui penser ce qu'il veut de votre pantalon de yoga et de votre tee-shirt Austin Power : cette tenue est confortable *et* personne ne vous draguera à la caisse.

Et si vous vous trouvez quelque part entre les deux ? Alors vous avez vraiment besoin de ce livre !

Il vous faudra peut-être un peu de temps pour vous y habituer, mais vous devez arrêter d'avoir quelque chose à foutre de ce que pensent les autres.

NE SOYEZ PAS UN TROUDUC, C'EST TOUT

Je n'insisterai jamais assez sur le fait que n'en avoir rien à foutre, lorsque le passage à la pratique est accompli correctement, ne signifie pas être un trouduc. Tant que vous réfléchissez aux raisons personnelles qui expliquent que vous n'ayez rien à foutre de ceci ou cela, que vous visualisez l'effet que votre manque d'intérêt aura sur les autres personnes impliquées, et que vous réduisez au strict minimum les risques de froisser les uns et les autres, trouver une solution est possible (généralement en s'appuyant sur une combinaison de franchise et de politesse). Solution qui vous sera très utile et réduira le nombre de menaces de mort anonymes que vous recevrez.

AU SUJET DU « DÉSOLÉ »

Dans notre société, « désolé ! » est un raccourci utilisé pour tout, depuis « je ne suis pas vraiment désolé, je dis ça uniquement pour faire passer la pilule après ce que je viens juste de te faire/ou suis sur le point de te faire » jusqu'au « oh merde ! qu'est-ce que j'ai foutu ??? » qui fait se ronger les ongles.

Sans vouloir mêler la guerre des sexes à la question, je dois bien reconnaître que ce sont les femmes en particulier qui le disent bien trop souvent, dans une tentative de défense anticipée face à ce qu'elles perçoivent comme des affronts, que ce soit au boulot, avec leurs amis ou avec leurs proches.

Quand, effectivement, vous vous êtes mal comporté, vous devriez vous sentir désolé, et le dire. Mais si vous êtes sur le point de mal vous comporter et imaginez qu'un rapide « désolé » va améliorer la situation, vous vous trompez. Pour changer, arrêtez de faire des saloperies.

Mais si vous n'avez rien fait dont vous devriez être désolé, vous pouvez a) arrêter de vous sentir désolé et b) arrêter de dire aux gens que vous l'êtes !

En d'autres mots, la méthode *MêmePasDésolé* obtient des résultats éponymes. La suivre vous encourage et vous permet d'agir de manière à ce que vous n'ayez pas à vous dire – ou être – désolé.

Établissez un Putain de Budget

Cela fait des mois que vous économisez pour vous offrir ce dont vous avez toujours rêvé. Vous voilà enfin, une liasse de billets à la main, sur le seuil de votre magasin préféré, dont vous ressortez avec un snowboard – ou n'importe quoi d'autre. Qu'éprouvez-vous alors ? Un sentiment de satisfaction.

À ce moment-là, vous ne repensez probablement pas à tout ce que vous avez sacrifié pour réunir la somme nécessaire à l'achat de ce snowboard. Pourtant, le sacrifice est bien réel. Peut-être vous êtes-vous passé de votre menu KFC Spécial quotidien pendant trois mois. Ou peut-être avez-vous fait des heures sup *chez* KFC pour gagner plus (auquel cas vous avez sacrifié votre temps libre). Dans l'un comme dans l'autre cas, vous aviez un objectif – épargner la somme nécessaire à l'achat du snowboard – et vous avez tenu un budget qui prenait en compte combien vous deviez mettre de côté et/ou combien d'heures supplémentaires vous aviez à travailler pour atteindre votre objectif.

Je vous suggère d'établir un budget de ce type pour gérer vos centres d'intérêt.

Revenons au foutu beurre de cacahuète de votre copine – celle que vous aviez peur de vexer –, qui vous a plongé dans une crise existentielle aiguë. Et si vous aviez plutôt envisagé la chose d'un point de vue budgétaire, comme une simple entrée dans votre Putain de Budget ? Vingt balles le pot de beurre de cacahuète sans additif = dépense.

Vous avez donc moins dans votre budget à consacrer à autre chose d'un prix équivalent – comme une course en taxi pour rentrer de la fête du parti des bouffeurs de beurre de cacahuète (histoire de ne pas se taper en plus les transports en commun). Ou vingt balles pour votre snowboard. Ou votre loyer.

Ça commence à être foutrement plus intéressant, non ?

Bien entendu, il n'y a pas que l'argent dans la vie. Beaucoup de choses sont coûteuses en temps ou en énergie, quand elles n'ont pas directement un impact sur notre porte-monnaie. Mais vous pouvez budgéter votre temps et votre énergie aussi facilement que vous le faites pour vos sous.

Partons du principe que vous avez un enfant. Les parents de ses copains sont du genre à faire des biscuits maison pour chacune des collectes organisées par l'école. Des cookies, avec des petits smileys en sucre glace – et un sachet à part « sans gluten » pour les chochottes. Peut-être n'avez-vous ni le TEMPS ni l'ÉNERGIE de faire des cookies. Et peut-être que vous avez vingt balles à dépenser, mais vous vous inquiétez de ce que les autres parents penseront si votre contribution est un tas de paquets d'Oreos. Vous voyez où je veux en venir ?

Il faut a) que vous cessiez de vous inquiéter de ce que pensent les autres et b) que vous budgétiez ce que cela représente dans votre colonne « dépense ». Pas le temps ni l'énergie ? Alors, allons-y pour les Oreos.

Trop souvent, nous dépensons sans mesurer ce que cela nous coûte. Sur le moment, nous disons oui, planifions, acceptons d'aller passer un week-end à Trifouillis-sur-Mer avant de réaliser que « hum hum, en fait, je n'y ai pas vraiment réfléchi ». Afin de maximiser notre aptitude au bonheur, il faut, *avant* d'accepter de s'impliquer, mesurer les conséquences de nos actes. Si vous dépensez votre temps, votre énergie et/ou votre argent, vous devez en retirer un plus grand bonheur. Si, au contraire, vous n'en retirez que du désagrément, inutile d'attendre d'être à mi-chemin sur la route de Trifouillis Land pour vous en apercevoir. Arrêtez-vous. Calculez. Et épargnez-vous peut-être une dépense.

Et ceux qui n'arrivent pas à s'en foutre que vous vous en foutiez ?

On en connaît tous des comme ça. Vous avez beau vous montrer poli et sincère tout au long de la journée, ils ne pigent pas. Ils ne peuvent pas s'empêcher d'argumenter, d'essayer de vous amadouer et de vous pousser à changer d'avis. Quel que soit ce dont vous n'avez rien à foutre, c'est si important à leurs yeux que votre divergence d'opinions est inacceptable.

Il peut s'agir de n'importe quoi, depuis les équipes de foot de Ligue 1 jusqu'aux impros de jazz, en passant par votre absence aux fêtes religieuses familiales. Ni la politesse ni la franchise ne vont les influencer. Ces gens cherchent la bagarre. **ON DIRAIT QU'ILS ONT ENVIE D'ÊTRE BLESSÉS.**

Dans ce genre de situations, évaluez l'effet sur votre budget à long terme. Mal agir ou paraître mal agir peut en fait être bénéfique, si cela signifie que vous évacuez définitivement le sujet. Hé, si quelqu'un doit leur dire d'aller se faire foutre, autant que ce soit vous.

En résumé

De quoi est-il donc question avec la magie du « j'en ai rien à foutre ! » ? Principalement d'établir des priorités. De faire passer le plaisir avant le désagrément. De choisir plutôt que de subir. D'opinions vs des sentiments. De s'en tenir à son budget. De ne pas perdre son objectif de vue.

Rappelons les bases, à savoir les outils et approches nécessaires pour *décider si je m'en fous ou pas, afin de pouvoir m'en foutre ou pas* :

- Vous êtes sur le point de vous préoccuper (ou pas) de quelque chose. Êtes-vous le seul concerné ? Ou cela aura-t-il un impact sur d'autres gens ?

- Si vous répondez « oui » à la première question, vous avez une méchante longueur *d'avance* !

- Si vous répondez « oui » à la seconde, il est essentiel, avant toutes choses, que vous arrêtiez d'avoir quoi que ce soit à foutre de ce que pensent les autres. Par la suite, vous pourrez n'avoir plus rien à foutre du sujet qui vous occupe.

- Afin d’y parvenir, faites la différence en les *opinions* et les *sentiments* de vos interlocuteurs.

- Ne vous comportez pas comme un salaud.

- Maintenant, reportez-vous à votre Putain de Budget : à combien estimez-vous le sujet en question ? avez-vous les moyens de vous l’offrir ?

- Si la réponse est oui, alors, n’hésitez pas, foncez ! Mais si la réponse est non, avec sincérité et politesse, mettez-vous en condition de n’en avoir rien à foutre et d’être à cent pour cent et authentiquement MêmePasDésolé.

Au cas où vous seriez du genre à avoir besoin de représentations visuelles, voici un schéma qui vous aidera à déterminer si vous devez ou pas en avoir quelque chose à foutre.

N’hésitez pas à y revenir au fur et à mesure que vous avancez dans votre lecture.

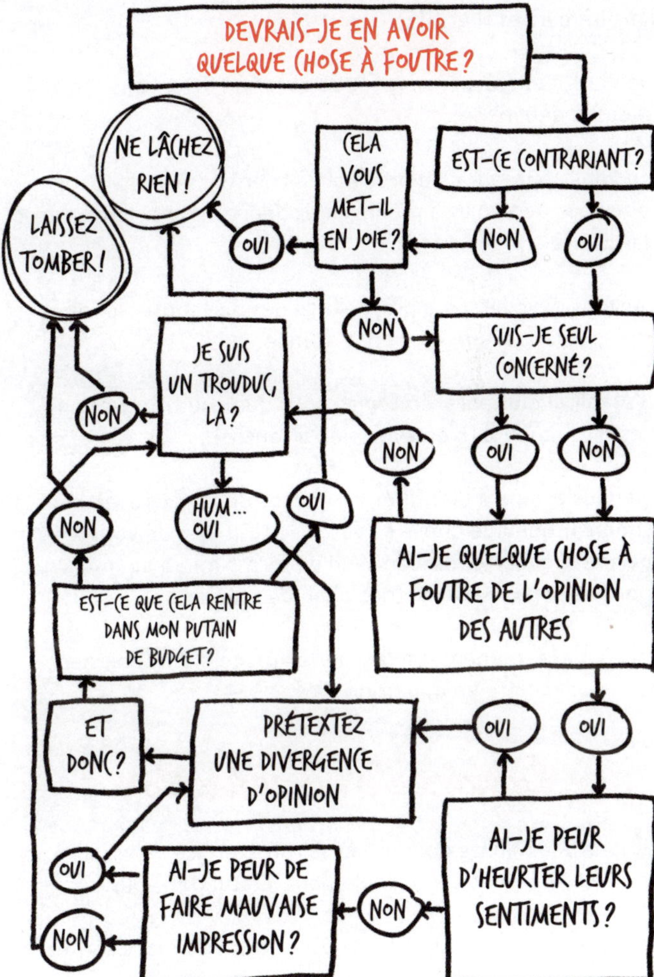
DEVRAIS-JE EN AVOIR QUELQUE CHOSE À FOUTRE ?
EST-CE CONTRARIANT ?
NON
OUI
CELA VOUS MET-IL EN JOIE ?
OUI
NE LÂCHEZ RIEN !
NON
SUIS-JE SEUL CONCERNÉ ?
OUI
NON
NON
JE SUIS UN TROUDUC, LÀ ?
NON
LAISSEZ TOMBER !
HUM… OUI
AI-JE QUELQUE CHOSE À FOUTRE DE L'OPINION DES AUTRES
OUI
OUI
PRÉTEXTEZ UNE DIVERGENCE D'OPINION
ET DONC ?
EST-CE QUE CELA RENTRE DANS MON PUTAIN DE BUDGET ?
OUI
NON
AI-JE PEUR D'HEURTER LEURS SENTIMENTS ?
NON
AI-JE PEUR DE FAIRE MAUVAISE IMPRESSION ?
OUI
NON

Dans les parties II et III :

- Je vous guiderai parmi le fatras cérébral dont vous serez bientôt débarrassé.

- Je vous apprendrai au préalable à trier vos intérêts pour que vous parveniez à prendre des décisions avec fermeté et efficacité.

- Je vous dévoilerai ma propre liste des dix-choses-dont-je-n'ai-personnellement-rien-à-foutre.

- J'établirai plusieurs stratégies pour que vous mettiez en œuvre l'étape 2 (n'en avoir rien à foutre).

- Je vous aiderai à identifier les choses dont vous avez *vraiment* quelque chose à foutre, le tout afin de vous permettre d'atteindre un seuil de stress minimal, un bonheur maximal avec tout plein de magie.

Mais pour le moment, un dernier exercice d'entraînement pour vous mettre en condition...

Exercice de visualisation

Prenons une minute pour effectuer un exercice de visualisation libre. Installez-vous confortablement. Détendez-vous.

Représentez-vous toutes les choses dont vous vous sentez obligé de vous préoccuper en ce moment, que cela soit sous la pression des amis, de la famille, de la société ou même de votre sens tordu de l'obligation.

Il pourrait s'agir (mais pas seulement) de : assortir votre ceinture à votre sac, LinkedIn, consommer des produits locaux, le hot yoga, le régime paléo, la saga *Harry Potter*, le kombucha, les tendances du marché, voter pour les primaires, la mode des ponchos, le ballet, Bret Easton Ellis, les hashtags, le café équitable, le Cloud, les gosses des autres, les grenouilles de bénitier, comprendre l'économie chinoise, #chatsurinstagram, *The Voice*, la nouvelle femme de votre père.

Vous ne vous sentez pas très bien, non ? Nerveux, nauséeux, anxieux ? Furax ? Bien, c'est que ça marche.

Maintenant, visualisez à quel point vous seriez heureux et insouciant si vous n'aviez plus rien à foutre de tout ça.

Le hot yoga ? Rien à battre !

Le Cloud ? De quoi ??

Et #chatsurinstagram ? Désolé, niveau d'intérêt au-dessous de celui de la mer, miaou.

Ça va bien mieux, non ? Je vous le garantis, l'instant même où vous décidez de n'en avoir rien à foutre est la première seconde du reste de votre (foutue meilleure) vie.

Gardez cela à l'esprit, et passons à l'étape 1 de la méthode *MêmePasDésolé* : décider de n'en avoir rien à foutre.

PARTIE II

DÉCIDER DE N'EN AVOIR RIEN À FOUTRE

Dans cette deuxième partie, nous allons passer en revue tout ce qui encombre votre esprit.

Malheureusement, il n'est pas envisageable de le jeter en tas sur le plancher, comme Marie Kondo l'aurait fait de vos chaussettes.

Mais pas d'inquiétude, j'ai un truc pour contourner la difficulté.

Je vais vous dévoiler les quatre catégories de Préoccupations Potentielles. Nous les passerons en revue l'une après l'autre. Ça va être sympa, promis ! Bien plus drôle que la soirée karaoké organisée pour l'anniversaire de votre collègue (dont nous discuterons aussi dans cette partie).

Pour finir, vous dresserez un court inventaire de votre fatras cérébral dans chacune de ces catégories. Ces listes vous aideront à identifier ce qui vous rend heureux et ce qui vous perturbe. Arrivée à la fin de l'étape 1, vous déciderez de ce dont vous n'avez rien à foutre.

Une fois lancé, le processus est simplissime. Et même... addictif. Je peux vous garantir que moins vous en avez à foutre, moins vous *avez envie* d'en avoir à foutre.

C'est trop bon.

Votre esprit est un hangar

Décider de n'avoir rien à foutre de quelque chose est extrêmement libérateur. Passer à l'acte – et ce sans heurter les sentiments de ceux qui vous entourent ou sans se comporter comme un trouduc – est encore mieux.

Mais pour commencer, l'introspection s'impose. Le fameux « connais-toi toi-même ».

Nous débuterons l'étape 1 en inventoriant votre espace cérébral. Ainsi, vous pourrez trier tous les trucs qu'on exige de vous en deux piles : ceux qui vous prennent la tête et ceux qui vous rendent heureux. En fonction du résultat, vous déciderez de vous en débarrasser ou de les garder.

Comme je l'ai déjà dit, vos préoccupations ne peuvent pas être jetées au sol... mais vous, si. Quand vous serez prêt, asseyez-vous par terre (directement sur le plancher, de préférence : être mal installé vous encouragera à vous débarrasser de tout ça rapidement) et visualisez votre esprit comme s'il s'agissait d'une pièce en désordre. En fait, non, disons que c'est un hangar immense, rempli de merdouilles. **Ce hangar abrite tout ce dont vous êtes supposé avoir quelque chose à foutre, que vous le *souhaitiez*, le *deviez*, ou pas.**

Ce hangar est un sacré foutoir.

Ensuite, vous pataugerez à travers votre hangar cérébral, notant toutes les bonnes choses (les trucs auxquels vous tenez) et tout le fatras inutile (les trucs dont vous n'avez rien à foutre). Il est même possible que vous tombiez sur des machins que vous aviez complètement oubliés, mais qui méritent une place d'honneur dans votre esprit/hangar, une fois que vous aurez fait de la place. Vous identifierez chaque chose dont on exige que vous en ayez à foutre. Vous les évaluerez, en prendrez la mesure et réfléchirez en long, en large et en travers pour déterminer si vous voulez vraiment et (avez vraiment besoin de) le faire.

Quand vous vous retrouvez brutalement face à toutes les choses dont on attend de vous que vous en ayez quelque chose à foutre ou pas, votre ventre risque de se serrer, vos intestins de se retourner, votre pouls de s'emballer et la migraine de marteler vos tempes. C'EST LE BUT.

Ici, m'sieurs-dames, on vise l'overdose de prises de tête.

La plupart d'entre nous se contentent de passer la tête à l'intérieur de temps à autre, sans jamais s'aventurer au-delà de la montagne de bidules empilés juste derrière la porte. Et je ne parle même pas d'entreprendre quoi que ce soit au sujet de tout le reste. Il va falloir que vous alliez jusqu'au fond du hangar et *regardiez les choses en face* avant d'avoir le moindre espoir de ranger tout ça.

Oui, vous devez expérimenter l'overdose de prises de tête avant de prendre la pleine mesure du temps, de l'énergie et/ou de l'argent que vous y consacrez, et de commencer à vous réjouir à l'idée de les élaguer une bonne fois pour toutes.

Après avoir dressé cet inventaire mental (qui, comme je le disais, interviendra un peu plus loin), vous ferez la liste de tout ce que vous avez trouvé caché dans les profondeurs du hangar.

Une fois que vous aurez fait cela une bonne fois pour toutes, vous disposerez d'une méthode pour vous libérer à vie, même si ce qu'on attend de vous change au fil du temps. Quand les vacances approchent, par exemple. Vous ne laisserez pas ce fatras cérébral s'accumuler de nouveau, parce que vous aurez les moyens et la bonne approche pour empêcher que les choses dont vous n'avez rien à foutre se retrouvent dans votre esprit/hangar !

Une fois encore : *vous devez lister tout ce sur quoi vous tombez*, que vous en ayez quelque chose à foutre ou pas. Actuellement, les choses dont vous avez ou devriez avoir quelque chose à foutre sont peut-être enfouies sous celles dont vous n'avez rien à foutre (comme le bonheur de votre sœur *vs* les piercings génitaux de son nouveau mec).

Je vous avais prévenu, c'est le bordel là-dedans. Une seule chose à faire : aller jusqu'au bout.

Comme l'a dit Albert Einstein : « Si j'avais une heure pour résoudre un problème, je passerais cinquante-cinq minutes à y réfléchir et cinq minutes à penser aux solutions possibles. » Malin, le gars ; pas étonnant qu'il ait eu un prix Nobel.

Prenez le temps d'explorer votre hangar cérébral, de déterrer toutes les prises de tête qui s'y trouvent, et listez-les un à un.

Je vous assure que les solutions pour savoir si vous devez ou non en avoir quelque chose à foutre et pour vivre la meilleure vie possible apparaîtront d'elles-mêmes.

Faites-moi confiance. Ou, au moins, faites confiance à Einstein.

Classez vos intérêts par catégorie

La méthode *MêmePasDésolé* divise en quatre catégories les Préoccupations Potentielles pour :

- Les Choses

- Le Travail

- Les Amis, Connaissances et Inconnus

- La Famille

Prises toutes ensemble, ces catégories constituent la vaste nébuleuse des gens et des choses dont vous pourriez potentiellement n'avoir rien à foutre. Mais nous les passerons en revue l'une après l'autre, ce qui rendra le processus un peu plus facile pour vous. De rien.

Je vous recommande vivement de suivre l'ordre que je préconise.

Si les Choses viennent en premier dans la quête du « j'en ai rien à foutre ! », c'est parce qu'elles sont des objets inanimés et, par conséquent, ne peuvent pas protester.

Puis, vient le Travail, qui fait naître des sentiments d'amertume et de ressentiment chez pratiquement tous ceux que je connais, ce qui est un bon indicateur.

Une fois que vous avez commencé à trouver votre équilibre dans tout ça, viennent Amis, Connaissances et Inconnus.

La Famille arrive en dernier pour des raisons qui devraient être évidentes.

Je sais, vous êtes superexcité à l'idée de mettre *MêmePasDésolé* en pratique. Cela vous démange de dire à votre beau-frère d'aller se faire foutre et d'arrêter de vous inclure dans la liste des destinataires des mails où il commente la politique migratoire, mais ne succombez pas à la tentation ! Commencer par la Famille vous condamnerait à l'échec.

Franchement, la Famille, c'est un putain de *terrain miné*.

Aucun doute : c'est la chose la plus dure dont il faut parvenir à n'avoir rien à foutre. Parce que lorsque la famille est en jeu, notre sens du devoir prend le pas, même sur les sentiments et opinions. Voilà pourquoi je recommande d'ajouter Obligations à la liste des Choses dont il faut potentiellement se foutre. Cela vous permettra de déterminer ce que vous éprouvez envers les obligations en général avant d'en arriver à ce qui concerne un proche en particulier, un événement familial, ou même une relique.

Une fois que vous aurez réglé leur compte aux premières catégories, il sera bien plus facile de distinguer votre sens du devoir envers, disons, l'attachement que vous ressentez pour l'étole en fourrure miteuse de votre grand-tante Joséphine, les sentiments que vous éprouvez envers Tatie Joséphine elle-même (et vos propres sentiments et opinions envers les autres membres de votre famille, qui feraient mieux de se mêler de leurs oignons).

Prêt ?

Super, que le spectacle commence !

LES CHOSES

Comme indiqué précédemment, la catégorie des Choses concerne les objets inanimés et les concepts, aucun des deux ne possédant les agaçants *sentiments* et *opinions* de nos semblables.

C'est vrai, certaines des choses sur votre liste peuvent techniquement rentrer dans la catégorie des personnes (je considère que les Grateful Dead sont une chose, par exemple, bien qu'ils prennent la forme de corps humains), et ils peuvent aussi être qualifiés d'inconnus (je ne connais pas personnellement les membres du groupe). Mais lorsque j'utilise le terme « inconnus », j'entends par là des individus que vous avez rencontrés, mais que vous ne connaissez pas. Comme ce mec, qui, pendant les vacances, y met vraiiiiiiment du sien pour vous faire visiter un appartement en multipropriété, et auquel vous répondez un truc du genre : « Mec, je n'en ai rien à foutre de la multipropriété ou que tu remplisses tes quotas. » En supposant que « multipropriété » fasse déjà partie de la liste Choses, « mec vendant des appartements en multipropriété » n'a pas vraiment besoin d'apparaître sur votre liste Inconnus – quoiqu'un soupçon de redondance n'a jamais fait de mal à personne, en particulier lorsqu'on est sur le chemin de l'éveil.

Bref...

Quelles sont les choses dont je pourrais (ou pas) n'avoir rien à foutre ?

Si je devais dresser **aujourd'hui** une liste de ce qui traîne dans mon hangar cérébral, cela inclurait (sans s'y limiter) :

1) Organiser mes prochaines vacances

2) M'inquiéter de savoir s'il pleuvra pendant ces mêmes vacances

3) Que Donald Trump soit le candidat républicain des prochaines élections présidentielles

4) Terminer d'écrire ce livre pour pouvoir partir en vacances

Comme vous le savez, je ne devrais pas accorder le moindre intérêt aux sujets mentionnés dans ma liste qui me contrarient. Ceux qui me rendent heureuse, au contraire, doivent retenir mon attention.

Du coup, en étudiant ma liste, je me suis rendu compte qu'organiser mes vacances me rendait heureuse, tout comme écrire ce livre, alors que la perspective d'une présidence Trump et une météo pluvieuse sont **non seulement des sujets irritants, mais sur lesquels je n'ai en plus aucun contrôle**. Par conséquent, je devrais m'intéresser aux deux premiers, et me préparer à balayer hors de mon hangar cérébral les deux derniers comme un tas de foin pourri et de purin de cheval calcifié. (Mais la question du balayage constitue l'étape 2 et nous y arriverons en temps et en heure.)

Pour le moment, vous allez sonder votre propre hangar cérébral et dresser la liste de tout ce que vous y trouvez. Peut-être que votre liste et la mienne vont coïncider, ou peut-être avez-vous *choisi* de vivre à Seattle ou en Écosse parce que la pluie vous rend heureux. Je ne prétends pas comprendre ce choix de vie, mais ne vous juge pas. En fait, peut-être un peu quand même... mais maintenant que nous en sommes arrivés là, vous devriez n'avoir rien à foutre de ce que je pense, non ?

Ce que j'essaie de vous démontrer, c'est qu'il n'y a pas deux listes qui se ressemblent.

Posez-vous la question suivante : quelles sont les choses qui, quand vous les dénichez dans votre hangar, provoquent un soupir involontaire de plaisir ? Et celles qui font naître au plus profond de vos entrailles une sensation qui vous fait penser à une fourchette coincée dans le broyeur de l'évier ?

Lesquelles vous rendent heureux et lesquelles vous pèsent ? Le temps venu, listez-les toutes !

Pour vous inspirer, voici ci-dessous la liste des sources d'un ennui sans fin qui encombraient mon espace cérébral. J'ai depuis cessé de m'y intéresser. (Ce n'est que la partie émergée du foutr'berg, mais cela vous donnera une idée générale).

Dix choses dont je n'ai personnellement rien à foutre

1) Ce que pensent les autres. Souvenez-vous : pas de négociation possible sur ce point. Toutes les emmerdes partent de là.

2) Avoir l'air canon en bikini. OMG ! Le jour où j'ai cessé d'en avoir quoi que ce soit à foutre de mon allure en maillot de bain, c'était comme si une portée de chatons en body noir était tombée du paradis pour chanter « *all the single ladies, all the single ladies* » au plus grand plaisir de mes cuisses et de mon bidon. Magique ! Wo oh oh oh…

3) Le basket-ball. Je n'ai jamais aimé ou compris le basket. Je ne regarde pas les matchs à la télé, et lorsqu'on m'invite au stade je n'y vais pas. Je n'en ai juste rien à foutre, et ma vie n'en est pas pire pour autant. Vous pouvez appliquer le principe à n'importe quel sport ou n'importe quelle équipe. Sauf les Boston Red Sox, parce que je le dis, c'est comme ça, c'est tout.

4) Être matinale. Durant la plus grande partie de ma vie, j'ai eu honte de mon inefficacité matinale, de ne vouloir rien prévoir avant midi et d'arriver fréquemment au tout dernier moment aux réunions du matin. Notre société semble vraiment porter aux nues ceux qui sont « du matin » et mépriser ceux qui ne suivent pas le mouvement (ou en sont incapables). Une fois installée en free-lance, j'ai cessé d'en avoir quoi que ce soit à foutre de ne pas être matinale.

Et ce, une bonne fois pour toutes. Et pan ! Dans les dents, les crétins du matin !

5) Taylor Swift. Tout le monde est là genre « ouais !! » et moi, je dis juste « nan ».

6) L'Islande. Je suis sûre que l'Islande est un superbe pays. Mais chaque fois que quelqu'un commence à me faire part de ses plans pour le « voyage de sa vie » en Islande, ou m'explique combien il s'est éclaté là-bas, ou encore que « la plupart des Islandais croient que les elfes existent ! », j'affiche le même regard vitreux que si j'étais à un match des Knicks.

7) Le calcul infinitésimal. Il s'agit probablement de mon premier cas de « j'en ai rien à foutre ». Mon conseiller d'orientation au lycée a insisté pour que je suive ce cours afin d'avoir une chance d'intégrer une bonne fac. J'y ai longuement réfléchi, pour finir par décider que je n'avais rien à foutre du calcul infinitésimal, et que je n'allais pas me laisser emmerder. Je n'ai pas pris cette option, et j'ai quand même intégré Harvard. Le résultat parle de lui-même.

8) Faire semblant d'être sincère. Je suis la personnification même du « si tu n'as rien de gentil à dire, alors ne dis rien ». J'en ai juste rien à foutre de faire semblant.

9) Les mots de passe. L'une de mes *success story* les plus récentes. Avant, j'étais tellement à fond et tout le temps hyper-anxieuse au sujet de la sécurité personnelle. Et puis j'ai lu un bon nombre d'articles d'experts suggérant que nous n'étions de toute façon qu'à un petit clic de rien de nous faire hacker par un ado ukrainien. Du coup, je me suis dit que je pourrais peut-être utiliser le même mot de passe pour tout. Était-ce vraiment si important ? Puis, j'ai réalisé qu'après seize ans de vie commune, mon mec ne connaissait toujours pas le mot de passe en six lettres de mon compte Hotmail... et que je pouvais donc probablement cesser de me creuser les méninges pour concevoir une phrase cryptique digne d'Alan Turing lui-même pour chacun des mes comptes client Gap, Ann Taylor et Victoria's Secret. Et pour l'instant, tout va bien.

10) Google +. J'ai même pas essayé. ***#MêmePasDésolée.***

Ma liste contient peut-être des choses dont vous avez quelque chose à foutre, et ce n'est pas un problème. Sentez-vous libre de mettre vos écouteurs et de lancer en boucle *Shake it Off* pendant que vous farfouillez dans votre hangar.

Peut-être que vous n'en avez rien à foutre de porter un slip. Ou de l'usage approprié du point-virgule. Ou de rester sur votre droite dans l'escalator. (Dans ce cas, vous êtes un trouduc, ou européen. Les deux, peut-être ?) Bref. Le monde vous appartient !

Quelques précisions supplémentaires

Lors de la rédaction de ce livre, j'ai ouvert les vannes aux choses-dont-je-n'ai-personnellement-rien-à-foutre (apparemment, j'ai un vrai problème avec le beurre de cacahuète sans additif). Une vraie bouffée d'oxygène. Pour autant, le novice dans la pratique du ***MêmePasDésolé*** trouvera probablement utile de lire une liste des choses dont j'ai quelque chose à foutre, et notera comment j'ai pu leur consacrer plus de temps, d'énergie et/ou d'argent.

Vous vous souvenez du Putain de Budget ? Voici comment se présente le mien :

J'EN AI RIEN À FOUTRE		J'EN AI QUELQUE CHOSE À FOUTRE
Un Iran doté du nucléaire	→	Le changement climatique
Le yaourt grec	→	Le houmous
Le glamping	→	L'épilation laser
Le homard	→	Encore un peu de caviar, je vous prie
La dernière déclaration du pape	→	Reese Witherspoon sur Instagram
Les ronds de serviette	→	Les sous-verres
Les Jeux olympiques	→	Finir de regarder la saison 6 de GOT
Lire le New Yorker	→	Faire n'importe quoi d'autre
Aller à la salle de sport	→	Dormir
Répondre à des quiz sur Facebook	→	Rester le regard perdu dans le vague
Le football américain universitaire	→	Les viols sur les campus
L'heure du miam miam	→	M'excuser pour aller me reservir un verre de vin

Certaines des choses sur cette liste peuvent sembler excessivement simplistes ou superficielles, mais je vous assure qu'**elles représentent une part significative et tout à fait quantifiable de temps, énergie et/ou argent.**

Par exemple, j'ai souvent l'impression qu'on me met la pression pour que je fasse du sport, et du coup je me sens coupable de ne jamais en faire. En décidant de n'en avoir rien à foutre, je m'affranchis de toute culpabilité et du sentiment de ne pas être à la hauteur (sans parler du fait d'être trop grosse). À la place, je m'accorde joyeusement une heure de sommeil supplémentaire tous les matins. Je redistribue mon temps et économise mon énergie. Sans oublier que j'économise les frais d'inscription à une salle de sport.

Triplé gagnant !

(Quant à ne plus jamais évoquer dans une conversation le sujet du yaourt grec ou ne plus jamais en manger, ça n'a, à mes yeux, pas de prix. Franchement, rien que de vous *dire ça*, je me sens tellement mieux !)

En parcourant les quatre catégories, vous allez identifier les choses qui VOUS agacent et celles qui VOUS rendent heureux. Chemin faisant, vous ferez peut-être des découvertes qui pousseront votre entourage à s'interroger sur vos priorités dans la vie, mais qui en a vraiment quelque chose à cirer ? **Vous traversez maintenant la vie plus concentré sur vos priorités, donc plus heureux.**

En tout cas, moi, j'en suis là.

Rendez-vous compte : le temps que vous arriviez ici dans votre lecture, j'ai pour ma part déjà j'ai déjà atteint l'étape 2 du *MêmePasDésolé* sur un tas de sujets. J'ai enfin cessé de m'intéresser aux ronds de serviette et au *New Yorker*. Je me suis fait épiler le maillot au laser. J'ai passé un bon bout de temps les yeux perdus dans le vague pendant que le goût d'un houmous crémeux s'attardait sur mes papilles. Et quand se pointeront les prochains Jeux olympiques, je serai prête à n'en avoir une bonne fois pour toutes rien à foutre.

Se fixer des objectifs est capital.

En parlant d'objectifs : pendant qu'un pauvre ahuri s'entraîne dix heures par jour pour sauter dans un tas de poussière un demi-centimètre plus loin que Mike Powell à Tokyo en 1991, il est temps de vous mettre à l'inventaire des choses qui encombrent votre hangar cérébral et d'établir votre première liste.

Je vous ai préparé des colonnes à remplir sur la page suivante pour vous mettre le pied à l'étrier, mais sentez-vous libre de passer au papier brouillon.

Ne mégotez pas. C'est important !

CHOSES DONT JE PEUX ME FOUTRE OU PAS

LE TRAVAIL

Plus compliqué que la précédente catégorie – qui implique simplement que vous refusiez d'accorder de l'importance à des objets inanimés/concepts/activités ; le Travail est cependant moins délicat que la gestion des amis et la famille, ce qui en fait logiquement le second levier pour mettre la magie en route.

De plus, si vous interrogez au hasard des individus sur ce qu'ils détestent le plus, ils seront nombreux à balancer leur boulot, leur chef, leurs collègues, le département informatique ou quelque chose du même ordre. La cible est large.

Heureusement, **il existe plein de façons parfaitement acceptables d'éviter les dégâts au boulot** – qu'il s'agisse de s'éclipser d'une réunion inutile, d'éviter la paperasse superflue ou de décliner l'invitation d'un collègue à une soirée – tout en gardant votre job, en étant respecté et même apprécié (si ce dernier point vous tient particulièrement à cœur, rendez-vous page 79 pour lire *La spirale infernale du « je veux qu'on m'aime »*). Dans cette partie (et encore plus dans la suivante), nous aborderons de manière plus approfondie de nombreux points liés aux précédents.

Les deux points auxquels on accorde généralement bien trop d'importance sont :

1) La crainte du jugement d'un supérieur (qui tient les cordons de la bourse de votre salaire).

2) La crainte du jugement des collègues (avec lesquels vous passez la plus grande partie de votre journée).

En surface, tout ça est parfaitement compréhensible, mais avez-vous vraiment pris le temps de considérer :

1) Combien il est en fait difficile de se faire virer si vous bossez correctement ?

2) Combien, au plus profond de vous, vous ne vous souciez pas vraiment que Gail, du marketing, pense ou non du bien de vous ? En fait, Gail et ses semi-marathons/collecte de fonds pour sauver les ours polaires peuvent bien aller se faire foutre, non ? (Mais nous reparlerons de Gail plus loin).

Pour le moment, retenez que vous ne devriez vous préoccuper que de ce sur quoi vous avez la main, et vous foutre du reste. Or, le travail est un bouillon de culture qui grouille, de neuf à dix-huit heures, de choses, de gens et de pratiques qui ne relèvent pas de nos propres choix et que, par conséquent, nous ne pouvons contrôler.

Imaginez un immeuble de bureaux standard, avec sa minable moquette, ses salles de réunion impersonnelles et ses fausses plantes vertes. Vous pouvez laisser ce tableau démoralisant vous ronger l'âme, ou... vous pouvez vous en foutre. Plutôt que passer les portes chaque matin et penser : « *Nom de Dieu, cet endroit craint à mort* », vous pourriez vous dire : « *Au moins, je n'ai pas à m'inquiéter de renverser mon café sur la moquette, impossible de faire plus moche !* »

Ce que je cherche à vous faire comprendre, c'est que vous pouvez contrôler à quel point vous êtes BON dans votre boulot, et COMBIEN de temps et d'énergie vous y consacrez ; le tout afin de minimiser l'ennui et de maximiser le plaisir.

Appliquer la méthode *MêmePasDésolé* à votre vie professionnelle, et ne rien lâcher (ou presque) sur les aspects de votre job qui vous insupportent peut être étonnamment simple et n'aura pas pour conséquence de vous faire virer pour incompétence ou insubordination.

Afin d'adopter le bon état d'esprit, passons en revue quelques exemples basiques des choses dont vous pourriez n'avoir rien à foutre ou pas lors d'une journée de boulot :

Les réunions

Je ne dis pas que vous pouvez ou devriez complètement cesser d'assister à des réunions déjà programmées, en particulier si votre présence est cruciale pour conserver votre emploi. (En partant du principe que vous y tenez. En cas contraire, rendez-vous page 172 « Le "j'en ai rien à foutre !" ultime au boulot ».)

Mais vous pouvez ne pas accepter de participer à certaines réunions.

Disons que la visite d'une collègue d'une autre branche de votre entreprise est prévue. Une assistante quelconque

« fixe des rendez-vous » par créneau de trente minutes à tout le staff de votre étage, durant lesquels ladite collègue rabâchera la même discussion sur le temps, et livrera un vague commentaire sur l'état du marché. Huit créneaux de rendez-vous sont disponibles, explique l'assistante. Lequel choisissez-vous ?

Réponse : *aucun*.

Contentez-vous de dire qu'aucun de ces horaires ne vous convient et reprenez le cours de votre journée.

Je sais, vous craignez de vous attirer des ennuis, et votre désir de rester dans les petits papiers de votre boss prend le dessus sur votre envie de zapper ces rencontres. Mais si vous êtes compétent, et que vous savez que c'est une demi-heure de perdue, votre boss le sait aussi. Décidez de n'en avoir rien à foutre. Laissez quelqu'un d'autre se porter volontaire pour votre équipe. Nombre de vos collègues, qui ne sont pas comme vous sur la voie de l'éveil, se rendront à ces rendez-vous comme des condamnés vers l'échafaud. Inutile de vous sacrifier !

(Mieux encore : si vous utilisez un agenda en ligne partagé, neutralisez des jours entiers en les signalant « occupé ». Du coup, personne ne *pourra* prévoir de réunion avec vous ces jours-là.)

Évidemment, certaines réunions sont inévitables. Mais si vous les considérez vraiment comme des trous noirs où ne résonnent que les échos de blablas inutiles, et donc comme

POWERPOINT

Steve Jobs ne mâchait pas ses mots sur les réunions, lui aussi, et incluait dans son analyse l'utilisation de PowerPoint lors de ces mêmes réunions. Dans la biographie que Walter Isaacson lui a consacrée, feu le dirigeant d'Apple argumente que « les gens qui savent de quoi ils parlent n'ont pas besoin de PowerPoint. » Il a bien raison.

Aux chiottes PowerPoint.

une putain de perte de temps absolue, vous pouvez toujours décider de vous foutre *d'écouter ce qu'il s'y passe*. Une chose est sûre : foutez-vous de *prendre des notes*. Sérieux, vous avez déjà utilisé des notes prises en réunion ? Soyons réalistes.

Une fois que vous avez décidé de vous foutre de quitter la réunion hebdomadaire des crétins du département commercial avec une pleine page de gribouillis sans queue ni tête, utilisez le temps gagné à faire quelque chose qui vous tient vraiment à cœur. Comme la liste des courses. Ou organiser votre prochaine expédition ornithologique (ces tétris des prairies ne vont pas se matérialiser miraculeusement devant vous). Ou écrire le prochain prix Pullitzer ! Pensez juste à tout ce que vous pourriez accomplir durant ces heures que vous perdez – au bas mot entre une à cinq par semaine. **Soit cinquante-deux à deux cent soixante heures PAR AN.**

Ouais, je me doutais bien que ça allait vous mettre les piles.

Les téléconférences

Elles constituent un sous-ensemble du groupe « réunions », et sont pires que les réunions ordinaires. Ce sont de parfaits vortex de non-productivité : une excuse pour qu'il ne se passe absolument rien et une perte littérale de temps pour tout le monde. Chaque fois que c'est possible, je refuse de participer à une téléconférence, et je vous assure que je suis restée un être humain employable, respecté et productif.

Nul effet de manches de ma part : je ne participerai jamais à une conférence téléphonique que je ne considère pas indispensable. Une fois que j'ai commencé à refuser ce type de réunions, j'ai pu dégager trois ou quatre heures par semaine durant lesquelles je pouvais réellement avancer dans mon travail. **Vous pouvez décider de n'avoir rien à foutre d'une téléconférence.** IL N'EN SORTIRA DE TOUTE FAÇON RIEN DE SUBSTANTIEL. C'est la nature et le paradoxe des conférences téléphoniques. Si les gens persistent à vous solliciter, rendez-leur la tâche vraiment difficile et ils finiront par laisser tomber.

Et si vous vous inquiétez d'être un mauvais collègue ou un mauvais employé, posez-vous cette question : le fait que je n'ai rien à foutre de participer à cette conférence téléphonique affecte-t-il d'autres que moi ? La réponse, à l'évidence, est oui, mais en fait cela les affecte positivement. Vous sauvez les gens d'eux-mêmes si vous les détournez en douceur – eux, et pas seulement vous – de cette activité dévoreuse d'âme, d'énergie et de temps. Et leur porte-monnaie métaphorique se gonflera par la même occasion !

LA SPIRALE INFERNALE DU « JE VEUX QU'ON M'AIME »

Être aimé et être respecté, ce n'est pas la même chose. Il est bien plus facile de garder votre boulot si vous êtes respecté plutôt que vaguement apprécié. J'ai « aimé » un tas de losers incompétents, mais je ne les aurais pas embauchés.

La spirale infernale démarre lorsque vous vous souciez plus d'être aimé que d'être digne de respect. Vous vous retrouvez à vous débattre dans une foutrenade dévastatrice dont vous êtes vous-même à l'origine. Pourquoi ? Parce que vous n'avez pas le contrôle sur le fait que vos interlocuteurs vous aiment ou pas. Vous êtes peut-être marrant, mais votre sens de l'humour ne colle pas obligatoirement avec le leur, et, donc, ils ne vous aimeront pas. Vous êtes peut-être super amical, mais vous serez perçu comme bizarre, et on ne vous aimera pas. Vous êtes complètement inoffensif, mais vous leur rappelez leur ex, et ILS NE VOUS AIMENT PAS, POINT BARRE.

Ce que vous pouvez contrôler – en vous donnant à fond dans votre job –, c'est d'être digne du respect des autres. Peut-être qu'ils ne vous le montreront pas (ils ont leurs propres Putain de Budget à gérer après tout), mais, au moins, vous savez que vous l'aurez mérité.

Et si faire du bon boulot, c'est d'accorder plus d'intérêt à ce que l'on fait et moins aux sentiments des autres pendant que vous le faites, alors, vous avez échappé à la spirale infernale et à la foutrenade qui l'accompagne. Bravo. Prenez un après-midi de congé.

Les codes vestimentaires

Le sujet se trouvera ou pas sur votre liste selon la boîte dans laquelle vous travaillez.

À l'évidence, si vous êtes un auteur free-lance, comme moi, vous avez cessé de vous préoccuper de ce que vous enfilez depuis un bon moment. Si vous travaillez pour un fonds de placement ou pour un cabinet d'avocats haut de gamme, y'a pas à tortiller, vous devez probablement porter un costume ou un tailleur, et la liste des choses qui requièrent votre intérêt s'allonge. Si vous êtes dans la vente ou la restauration et portez un uniforme, il ne vous reste plus qu'à sauter cette partie du livre. Enfin, si vous travaillez dans une galerie d'art : bingo ! Faites très exactement ce qui vous chante.

Mais si vous êtes l'une des millions de personnes travaillant dans une entreprise qui vous autorise à choisir vos tenues chaque matin, mais ressent malgré tout le besoin d'imposer un « code vestimentaire » – parfois détaillé dans le manuel de l'employé –, préparez-vous à ce qui va suivre.

L'entreprise pour laquelle je bossais était très précise sur ce qu'elle admettait pour un *friday wear* d'été : pas de tongs ou de nu-pieds, pas de bermudas pour les hommes ou de shorts courts pour les femmes ; pas de débardeurs ou autres « vêtements de plage » ; et quelques autres interdictions, mais je suis trop avancée sur le chemin de l'éveil pour m'en souvenir. Chaque année, à la même saison, nous recevions des mémos de la P.-D.G. condamnant les orteils dénudés. Peut-être essayait-elle de rester professionnelle. Ou souffrait-elle de podophobie. Dans un cas comme dans l'autre, j'ai un jour décidé de n'en avoir rien à foutre.

Un beau matin de l'été 2014, alors que je me préparais pour mon trajet de quarante-cinq minutes dans la chaleur étouffante de l'été (tout ça pour passer plus de huit heures au bureau et enchaîner sur une soirée pro avant de me retaper un trajet de quarante-cinq minutes pour rentrer chez moi), *ne pas pouvoir porter les chaussures que je voulais* a commencé à sacrément me pomper l'air. Sans compter que, et ce n'est pas pour me vanter, j'ai vraiment de jolis pieds. Si je dois me tenir sur ces mêmes pieds douze heures par jour durant les mois les plus sudoripares de l'année, les orteils nus comprimés dans une paire de ballerines, mes ampoules vont finir par atteindre la taille d'œufs pochés.

Alors que je regardais avec nostalgie mes innombrables paires de sandales colorées (qui iraient si bien avec mon corsaire parfait pour une journée de boulot), j'ai mentalement lancé un « allez tous vous faire foutre ». Ce fut le premier jour où j'ai commencé à les porter au bureau.

J'avais passé huit ans dans cette boîte à pester et à couvrir mes pieds de sparadraps de juin à septembre, et tout ça pour quoi ? Parce que je me souciais de ce putain de code vestimentaire ! Ça me rend dingue rien que d'y penser ! Et vous savez ce qui s'est passé ? RIEN.

J'ai porté mes nu-pieds tout l'été et personne n'a pipé mot. J'ai même croisé la P.-D.G. à plusieurs reprises dans l'ascenseur sans qu'elle bronche.

Je l'ai déjà dit et le redirai : il est très dur de se faire virer quand on bosse bien. Compte tenu de la quantité de choses auxquelles vous accordez de l'importance quand vous êtes au boulot, il doit bien en avoir trois ou quatre dont vous pouvez vous foutre, et améliorer ainsi votre vie quotidienne. Le code vestimentaire est l'une d'entre elles.

La paperasse inutile

La paperasse inutile est un fléau subi par nombre de bons et loyaux travailleurs dans notre société. Il ne tient qu'à VOUS de n'en avoir rien à foutre !

Avez-vous déjà entendu parler de la théorie de la vitre brisée ? En gros, elle suggère que, si les petites infractions (comme jeter ses cochonneries sur la voie publique ou le vandalisme) sont tolérées, notre environnement ne tardera pas à être en proie à des destructions massives. Le principe est le même avec la paperasse.

Il faut prendre le mal à la racine. Plus vous acceptez de remplir des papiers inutiles, plus ils s'accumulent. C'est comme la quatrième loi de Newton ou un truc du genre.

Oui, échapper à certains documents administratifs est impossible. Personne ne peut être payé sans remplir les formulaires idoines. Ça, c'est utile ! Mais je parle des comptes rendus dont vous savez très bien que personne ne les lit. Ils sont rédigés puis archivés, attendant que l'Apocalypse les rende encore plus inutiles. Du niveau d'inutilité des rapports

TPS dans *35 heures, c'est déjà trop*. Je parle de documents supposés « circuler », mais qui, pour une raison ou pour une autre, n'atteignent jamais leur destinataire final et doivent repartir dans le circuit à sept reprises. Même si ces dossiers disparaissent à intervalles réguliers, l'entreprise n'a pas pour autant mis la clé sous la porte – ce qui tend à prouver que ce genre de paperasse n'est pas exactement essentielle à sa bonne marche, et que vous n'avez pas à en être esclave !

Ce type de documents existent dans notre vie à tous. Je suggère que vous cessiez de vous en soucier et que vous attendiez de voir ce qui se passe.

Probablement rien.

Les ours polaires et les semi-marathons

Peut-être travaillez-vous dans un bureau ou dans tout autre environnement professionnel où vos collègues pensent qu'il est approprié de lancer des collectes en faveur de causes qui leur tiennent à cœur ? C'était mon cas. Et la seule ponction que je tolère, c'est celle des Girl Scout Cookies*. En dehors de ça, rien à foutre.

---

* C'est une tradition chez les filles scouts depuis 1917. La vente des biscuits leur sert à lever des fonds pour leurs activités, camps d'été, etc. (*N.d.T.*)

Imaginez que Gail-du-marketing (vous vous souvenez d'elle ?) vous sollicite afin que vous vous inscriviez à son semi-marathon. Les profits sont destinés à une cause importante à ses yeux, mais pas aux vôtres. Gail sauve les ours polaires ou un truc du genre. Vous n'en avez vraiment rien à foutre des ours polaires. Mais vous êtes inquiet. Et si ne pas contribuer au petit jogg-thon de Gail donnait à vos collègues l'impression que vous êtes un rabat-joie ? Et que chaque fois que vous croisiez Gail dans la salle de repos, elle trouve une excuse pour tourner les talons et s'éclipser plutôt que partager l'oxygène d'un foutu radin qui, en plus, déteste les ours polaires ?

Maintenant, posez-vous cette question : *ai-je sincèrement quelque chose à foutre de ce que Gail (ou n'importe qui d'autre) pense de mon empressement à soutenir sa cause ? De l'opinion qu'elle a de moi (ou de celle de n'importe qui d'autre) ?*

Si la réponse est non – ce qu'elle devrait être, si vous prenez tout cela au sérieux –, alors, allez jusqu'à vous demander : juste pour savoir, ai-je vraiment quelque chose à foutre des ours polaires ? Et des semi-marathons ?

Si la réponse est, là encore, non, vous venez de trouver quelque chose à ajouter à votre liste de trucs en lien avec le boulot dont je n'ai rien à foutre. Félicitations !

L'étape suivante – que nous atteindrons dans la partie III – est de poliment (comprendre : sans blesser quiconque dans ses sentiments) décliner toute participation aux appels aux dons.

Ainsi, vous avez **cessé** d'en avoir à foutre de ce que Gail pense, vous avez **décidé** que vous devez complètement vous foutre de sa collecte, et vous n'en avez donc plus rien à foutre.

Mais, une fois encore, vous n'avez pas à vous transformer d'individu prêt à s'investir dans tout et n'importe quoi en trouduc au chômage/paria au bureau.

Quand je dis que vous foutre de ce que pensent vos collègues est possible, je veux dire que, bien que je ne les connaisse pas personnellement, vous pouvez probablement vous en sortir en accordant bien moins d'attention à leurs opinions concernant vos choix de vie.

Prenons un autre exemple. Imaginons que Tim, un de vos collègues, fête son anniversaire au karaoké du coin. Pour une raison quelconque, vous ne voulez pas aller à la soirée de Tim, mais c'est le genre de choses auxquelles vous vous sentez obligé d'assister – bien que cela vous coûte sur plusieurs plans : vous perdez une bonne nuit de sommeil, trente balles en margaritas noyées sous l'eau, et/ou le respect que vous vous portez à vous-même. Maintenant, je ne vous suggère pas de répondre à l'invitation de Tim en lui riant au nez ou en lui envoyant une carte d'anniversaire par Internet (celle de l'ours en train de poser sa crotte dans un chapeau en papier). Je dis juste que vous pourriez décliner – poliment – l'invitation et que le monde ne va pas s'écrouler pour autant. Vous aurez barré sur votre liste une des choses dont vous n'avez rien à foutre, et vous aurez gagné une soirée libre.

Et ma réputation alors ?

Beaucoup de ceux à qui j'ai parlé de n'en avoir rien à foutre au boulot semblent **s'inquiéter avant tout de nuire à leur propre réputation**. Froisser leur entourage arrive seulement en deuxième position. Voilà précisément pourquoi la méthode *MêmePasDésolé* est *fondamentalement* attentive à ne pas heurter les sentiments des autres et à ne pas vous transformer en salaud. Deux choses qui contribuent à votre réputation en tant qu'employé, collègue ou patron.

La préparation et la finesse sont essentielles. Vous devez être clair et précis lorsque vous définissez pour vous-mêmes vos centres d'intérêt – en visitant votre hangar cérébral, en dressant vos listes et en étudiant votre Putain de Budget – avant d'en arriver à blesser qui que ce soit en temps réel. Puis, agissez en conséquence.

Si vous décidez, par exemple, que vous n'avez rien à foutre du pique-nique annuel de l'entreprise, alors… n'y allez pas, tout simplement. On ne peut pas vous virer pour cela, et vous pouvez utiliser ces trois heures pour rattraper votre retard dans *Downton Abbey* ou pour passer du temps avec votre amoureux. (Non, mais, de qui se moque-t-on ? *Downton Abbey*, sans hésiter).

C'est pas comme si vous deviez lancer une alerte à la bombe pour que le pique-nique soit annulé. Contentez-vous de présenter vos excuses au moment opportun. Sincèrement ? Tout le monde se fiche de savoir si vous en êtes ou pas (vous êtes du genre distant).

Comme pourrait le dire le président Obama : « Soyons clair. » Côté boulot, j'ai toujours fait – et je ferai toujours – grand cas de ma réputation, que cela soit comme salariée ou en tant qu'irresponsable indépendante. Budgéter mon temps et mon énergie, perfectionner ma capacité à me concentrer et à créer, et être respectée tout au long de ces processus sont les éléments indispensables au maintien d'une bonne réputation, ce qui figure tout en haut de ma liste des choses dont j'ai quelque chose à foutre.

Et si j'ai la réputation de ne pas participer aux téléconférences ? Pas de problème, sentez-vous libre de le gribouiller sur le mur des toilettes des hommes à côté de mon numéro de téléphone. J'en ai rien à foutre. (En revanche, je filtre mes appels.)

Ce n'est pas de la paperasse inutile

Comme je l'ai dit, atteindre l'état d'esprit idéal afin de dresser une liste nécessite d'être assis sur un plancher dur. Vous passez alors mentalement en revue votre hangar cérébral. Lors de l'overdose de prises de tête, vous serez saisi d'un lent engourdissement. Je ferai malgré tout une exception concernant la catégorie Travail : il s'agit d'une liste que vous pourriez établir pendant une réunion. Aux chiottes les réunions !

Gardez à l'esprit que le Travail s'accompagne d'un certain nombre de sous-catégories, comme Chefs, Collègues, Intrigues de bureau, Réunions, Mémos, etc. La catégorie

Collègues peut aussi inclure des sous-catégories, telles que Sentiments, Anniversaires et Animaux de compagnie malades.

Imaginez une série de meubles de rangement métalliques cabossés, alignés contre les murs de votre hangar. Ouvrez chaque tiroir, un par un, et faites la liste de tout ce que vous trouvez à l'intérieur qui a trait au travail.

Ensuite (et seulement à ce moment-là), vous pouvez passer à la troisième catégorie : Amis, Connaissances et Inconnus.

Une note sur le degré de difficulté

Comme pour les ouragans, les quatre catégories de Préoccupations Potentielles se font plus traîtres à chaque palier. J'ai confiance en votre capacité à résister à l'assaut, mais si vous êtes nerveux à l'idée d'atteindre la catégorie 3, sachez juste que nous évoquons ici des sujets d'ordre extrêmement pratique.

Si jamais vous vous êtes retrouvé un jour sur votre canapé à imaginer comment échapper à une soirée, vous devriez trépigner d'impatience à l'idée d'atteindre la catégorie suivante. Elle vous mettra peut-être un peu mal à l'aise, mais pas plus que d'écouter l'Illiade version rap sur le thème musical de *Bonne nuit les petits* avec une furieuse envie de soulager votre vessie après quatre verres de Pinot Grigio tiède que vous avez descendus uniquement pour tenir jusque-là.

CHOSES EN LIEN AVEC LE BOULOT DONT JE PEUX ME FOUTRE OU PAS

AMIS, CONNAISSANCES ET INCONNUS

Nous aimons nos amis. C'est pour cela qu'ils sont nos amis. Mais les relations humaines sont compliquées, et parfois les amis tapent sur les nerfs. Ce qui est souvent mon cas quand j'ai trop bu, par exemple. Je me mets alors des trucs sur la tête avant d'obliger mes potes à me prendre en photo. Je me rends bien compte que c'est chiant, mais quoi ? Peut-être bien qu'ils devraient s'éclipser avant que j'en arrive à mon cinquième verre ! C'est exactement la raison pour laquelle il est important que vous développiez une stratégie pour n'en avoir rien à foutre en cas de conflit qui pourrait mettre à rude épreuve – voire détruire – une amitié.

Votre hangar cérébral est encombré par ce que d'autres que vous y ont déposé. Parfois, il ne s'agit que d'un stockage de courte durée. Dans d'autres cas, cela y prend la poussière depuis des années. Mais la vraie question est : comment ces trucs sont arrivés là, pour commencer ?

Oh, c'est vrai. Vous les avez laissés entrer.

Se blinder

Afin de limiter le risque d'être contrarié par vos amis, vos relations ou même par de parfaits inconnus, vous devez établir un périmètre de sécurité autour de votre hangar.

Ces murs peuvent être invisibles, comme ces clôtures électriques que certains installent autour de leur jardin pour empêcher leurs animaux de compagnie de prendre le large.

Exemple. Imaginons que l'immense chien baveux d'un de vos couples d'amis essaie de vous renifler l'entrejambe comme si c'était du Canigou chaque fois que vous leur rendez visite. Résultat, vous faites des pieds et des mains pour éviter d'aller chez eux afin de ne pas être exaspéré par leur chien renifleur de parties intimes. Vous n'avez rien à foutre du chien en lui-même, mais vous ne tenez pas à le leur dire de peur de les blesser. Vous êtes tellement poli ! Du coup, vous établissez un périmètre de sécurité : vous les invitez à venir chez vous, suggérez des lieux de rendez-vous neutres où votre entrejambe ne risque rien. Et s'ils organisent quelque chose chez eux, il se peut bien que vous souffriiez d'une crise de foie ce soir-là. Invoquer des ennuis gastriques de temps à autre ne cause de tort à personne quand il s'agit de sauvegarder une amitié.

Parfois, vos limites peuvent être plus nettement visibles, comme une élégante clôture en barbelé du genre de celle qu'on utilise pour décorer les cours de prison.

Alors que j'en étais aux prémices de ma méthode *MêmePasDésolé*, je me suis trouvée confrontée au problème des soirées quiz dans les bars. J'ai un groupe d'amis qui adoooooorent les soirées quiz. À Williamsburg ! (Pour ceux qui ne connaissent pas, Williamsburg, quartier de Brooklyn, est une espèce de terrain vague *hipster* atroce, exclusivement peuplé de moustaches et de cannettes vides de Pabst Blue Ribbon.) Ils me proposaient sans cesse de me joindre à eux, et je trouvais sans cesse des excuses minables pour ne pas le faire. Puis je devais me rappeler quelle était mon excuse, histoire de ne pas me faire choper sur Facebook un soir de quiz avec une « sieste en cours ».

Mais une fois que j'ai eu adopté le *MêmePasDésolé*, plutôt que de me creuser la cervelle à la recherche d'un alibi tout aussi bidon que les précédents – et d'avoir à me censurer sur les réseaux sociaux pour pas être prise en flagrant délit –, je me suis contentée de répondre : « Vous savez quoi ? Je n'aime pas les soirées quiz et je ne suis pas fan non plus de Williamsburg. Ma réponse sera toujours non. Je préfère vous le dire maintenant, et nous épargner à tous une pitoyable mascarade. »

J'ai mis ma clôture en place, et cela a fonctionné comme un charme !

Vous craignez que vos amis vous en veuillent si vous vous contentez de leur dire la vérité, et poliment en plus ? L'avantage de la méthode *MêmePasDésolé*, est que vous n'avez pas à vous ronger les sangs. Pourquoi ? Parce que vous avez pris en considération les sentiments et les opinions de tout le monde – vous inclus – avant de passer à l'acte.

Maintenant que mes amis connaissent la vérité, je me sens Libérée avec un L majuscule. J'ai été franche et polie, et personne n'a été blessé, donc je n'ai pas eu à m'excuser. Je n'étais, au sens littéral, pas désolée.

Et en plus – victoire majeure – je n'ai même pas eu à me taper une soirée quiz dans un pub de Williamsburg.

* * *

Ces deux premiers cas étaient assez faciles, des exemples simples. On se lance à peine. De nombreux sujets sur votre liste Amis vont exiger de vous des *MêmePasDésolé* plus complexes, raison pour laquelle j'ai aussi inclus Connaissances et Inconnus dans cette catégorie. De cette manière, si vous êtes coincé et ne savez pas si vous devez vous foutre ou pas de la « fête de divorce » de votre copine, ou du bobo dont elle ne cesse de se plaindre (eh oui ! les chevilles, ça se tord, Susan, c'est comme ça), vous pouvez vous entraîner sur un voisin bavard ou le caissier de l'épicerie, puis trouver votre chemin parmi les « à foutre/rien à foutre » de ceux qui vous sont les plus proches et les plus chers.

Sollicitations, donations et prêts, oh bon sang !

Nous avons rapidement effleuré le sujet avec Gail-du-marketing, mais les demandes d'argent sous forme de dons à une association caritative ou pour participer à l'achat d'un animal de compagnie – même sous forme de prêt – arrivent encore plus régulièrement entre amis. Vous savez de quoi je veux parler : une collecte de cent balles par tête pour le candidat-du-moment que soutient Pierre ; une souscription de cinquante autres pour la course à bicyclette contre l'obésité féline organisée par Paul, et vingt-cinq de plus pour la campagne de lancement sur KissKissBankBank du « parfait kazoo » de Jacques.

Vous pouvez placer KissKissBankBank (et toutes les plates-formes de *crowdfunding*, ou financement participatif) sur la liste des choses dont vous n'avez rien à foutre de catégorie 1. Mais une sollicitation pour une participation financière émane toujours d'une personne physique. Cela peut être un ami proche, une relation sur les réseaux sociaux, ou, très souvent, un inconnu (avec lequel vous avez un ami commun) qui culpabilise et vous fait suivre le message, à vous comme à trois cents autres ploucs qui ne se doutent de rien. Tout ça relève de la catégorie 1, avec des incursions vers les catégories 2 et 4. Super sournois.

Quoi qu'il en soit, loin de moi l'idée de rendre illégitimes de telles requêtes, dont la bonne foi ne fait aucun doute. Mais bien qu'il existe tout un tas d'excellentes causes, associations et inventions qui méritent vos sous et votre intérêt, **je serai tentée de dire qu'il est impossible qu'elles rentrent TOUTES dans votre Putain de Budget.**

Et ça, mon ami/connaissance/inconnu, est la raison pour laquelle tu lis ce livre !

Internet a rendu possibles de glorieuses innovations comme Tinder ou le mah-jong en ligne, mais a aussi révélé le mendiant qui sommeille en chacun de nous. E-mails, réseaux sociaux et sites de financement participatif : **voilà des pistes faciles à emprunter pour demander de l'argent, et bien moins frontales que les autres.** Si toutes les sollicitations que je reçois *via* Facebook ou par e-mails devaient être énoncées à l'ancienne, par des démarcheurs munis d'un bloc-notes et d'un sac banane pour y ranger les dons en espèces sonnantes et trébuchantes, je vous assure que la moitié de ces pauvres gars ne monteraient jamais sur un vélo pour remédier à l'obésité féline ou pour tenter d'inventer un kazoo.

À titre d'exemple, en un an, j'ai reçu en via Internet : des demandes urgentes la recherche sur le Sida et les maladies cardiaques ; pour soutenir le planning familial, pour financer deux films indépendants et trois albums musicaux ; pour éradiquer quatre cancers différents ; et enfin pour soutenir le développement de plusieurs entreprises vouées à l'échec. **Certains provenaient d'amis proches, d'autres d'amis d'amis, et d'autres encore – eh oui – de parfaits inconnus.**

Avant de m'engager sur la voie de l'éveil, je passai beaucoup bien trop de temps à souffrir à me demander si je devais ou non mettre la main à la poche pour soutenir certaines de ces causes charitables (ou toutes), et dans ce cas à quelle hauteur ? **Mais il ne s'agissait pas seulement de temps ou d'argent.** J'ai aussi dépensé une bonne dose d'énergie à m'inquiéter de qui saurait si j'avais contribué ou pas, et de ce qu'on penserait de moi. Et aussi de l'éventualité d'avoir à en parler un jour, lors d'une soirée, la queue entre mes petites jambes de radine.

Terminé !

Maintenant que je suis une *MêmePasDésolée* professionnelle, je suis capable de déterminer rapidement et facilement si j'ai quelque chose à foutre de la demande en question et si cela a des conséquences pour quelqu'un d'autre. Arrivent ensuite les phases de décision et d'action. Je n'ai plus qu'à me comporter avec franchise et politesse, ce qui me laisse plus de temps, d'énergie et d'argent à consacrer à autre chose. Je peux cadenasser la porte de mon hangar et l'ouvrir seulement pour y ranger des choses pour lesquelles a) j'ai de la place, b) que je suis heureuse d'entreposer pour vous une nuit, quelques semaines ou pour toujours.

Ai-je déjà mentionné que ma méthode est simplissime et magique ?

Commençons avec les inconnus et les vagues connaissances pour remonter jusqu'aux amis. Un échelon de nécessiteux après l'autre.

Disons qu'un jour vous recevez un envoi groupé de la part d'une vague connaissance qui, à l'évidence, s'est contentée d'envoyer le message à tout son carnet d'adresses. Il vous demande de « donner ce que vous pouvez ! » à son vieux pote de colo qui collecte des fonds pour... je ne sais pas... des lunettes de soleil pour chiens.

Ce que vous avez déjà appris vous permet de déterminer que, bien que cette ligne budgétaire de votre Putain de Budget affecte effectivement quelqu'un, c'est de manière plutôt indirecte : vous n'enlevez rien à cet aspirant entrepreneur (qui est un complet étranger pour vous), c'est juste que vous n'alimentez pas sa caisse.

Deuxièmement, la personne qui vous a envoyé cette demande n'est qu'une relation, pas un ami intime. Donc, vous n'aurez probablement pas à vous justifier en personne avant longtemps sur votre **divergence d'opinions** concernant le besoin pour l'humanité de lunettes pour chiens.

Enfin, il ne s'agit pas – si elle est bien gérée – d'une situation où les **sentiments** de qui que ce soit seront heurtés. Ce que je veux dire, c'est qu'il est inutile de faire un « répondre à tous » pour que l'intégralité de la liste profite de votre « des lunettes de soleil pour chien ? C'est l'idée la plus débile depuis les perruques pour bébé ». Pas besoin de jouer au trouduc. (Bien que les deux idées soient stupides. Franchement ! un bébé de six mois a-t-il vraiment besoin d'extensions capillaires ?)

Donc, étape n° 1 : l'un dans l'autre, avez-vous quelque chose à foutre des lunettes de soleil pour chiens ?

Non ? Ben alors, pourquoi n'avez-vous pas déjà effacé cet e-mail, pov' naze ! (Désolée, c'était trop tentant.)

Bon, OK, mais il s'agissait juste d'un pote de pote. Que se passe-t-il lorsque quelqu'un de proche vous sollicite pour une cause qui lui importe profondément ?

C'est là qu'il faut vous creuser les méninges et utiliser tous les outils à votre disposition. Lustrer, cirer, peindre la barrière, etc. (M. Miyagi*, voilà par exemple un type qui n'en avait rien à foutre.)

Première question : le projet de votre ami est-il aussi important pour vous que pour lui ? Vous met-il « en joie » ? Si la réponse est oui, et qu'un don entre dans votre budget réel (et pas uniquement dans votre Putain de Budget), alors, n'hésitez pas. Je me demande même pourquoi on a cette conversation.

Mais si la réponse est non, demandez-vous s'il est possible de décliner (avec politesse et sincérité) sans heurter les sentiments de votre ami. Selon sa personnalité, cela pourrait être facile ou pas-si-facile-que-ça.

1) Vous n'aurez jamais à en reparler après cet échange de mails ? Alors, rendez-vous rue du « j'en ai rien à foutre », sans passer par la case départ et ne déposez pas 200 balles dans le KissKissBankBank de votre ami.

2) Il est possible que votre amie amène le sujet sur le tapis en passant ? (OMG, mon KissKissBankBank est financé à hauteur de 17 % ! T'IMAGINES CLIN D'ŒIL CLIN D'ŒIL, COUP DE COUDE, COUP DE COUDE ! ?) Dans ce cas, vous devriez répondre avec un « c'est génial ! Je suis trop

---

* Pour tous ceux qui ne seraient pas des fans absolus de *Karaté Kid* (voire qui n'en auraient rien à foutre), Miyagi est le maître de karaté qui forme Daniel et Julie. Pour les autres, cela va de soi. (*N.d.T.*)

content pour toi ! » tout en pensant *je ne reconnaîtrai pas n'avoir rien donné à moins que tu me le demandes directement, espèce de lâche.*

Dans de telles situations, vous êtes comme un maître de tai-chi – art martial dont le principe est de céder face à une attaque plutôt que d'affronter par la force. En agissant ainsi, vous absorbez l'énergie de votre adversaire et la lui renvoyez. Résultat, il est vaincu par lui-même. **En d'autres termes, vous pouvez poliment répondre à son comportement passif-agressif avec une dose du vôtre, et gagner cette bataille sans que votre ami réalise même qu'il y a eu affrontement.**

Cela devient un peu plus compliqué – mais pas impossible – si votre ami est l'une de ces personnes qu'il est impossible d'amadouer avec une simple pirouette opérée en douceur et une couche de vieille philosophie chinoise quelconque. C'est là que vous devez dégainer votre Putain de Budget et votre calculatrice à opinions *vs* sentiments et développez une réponse polie et franche exprimant combien vous êtes trop trop ravi pour lui, et que vous espérez qu'il comprenne que vous n'avez pas d'argent à investir dans la poursuite des espoirs et rêves de quelqu'un d'autre.

Et voilà.

Allez-y, dites-le. Vous pensez que cela ne marchera pas, c'est ça ?

Vous reconnaissez qu'au bout du compte vous vous épargnerez la dépense financière, en revanche, vous ne voyez pas vraiment comment éviter d'être torturé par ce que votre ami pense ou par la perspective que vous allez le blesser.

Vous croyez que je ne suis pas passée par là ? Eh bien, si. Et j'ai plus d'un petit tour pour vous dans ma manche...

Principes personnels

Les principes personnels sont un excellent moyen de vous protéger efficacement. Ils agissent rapidement et le risque de blesser les autres est pratiquement nul. (En même temps, je ne peux rien y faire si votre copain est une telle boule de nerfs autocentrée – il a déjà pensé à consulter un psy ?) Voilà comment cela fonctionne :

Si quelque chose dont je n'ai rien à foutre se situe dans cette zone d'ombre où je risque de heurter les sentiments de quelqu'un, peu importe à quel point je me montre franche et polie, je le mets sur le compte des « principes personnels ».

Comme dans : « J'ai pour principe de ne jamais donner à une campagne KissKissBankBank, parce que, si je le fais pour une, j'ai le sentiment de devoir le faire pour toutes. C'est impossible financièrement, et si je devais choisir, je ne voudrais pas que quelqu'un que j'aime pense que je lui accorde plus ou moins de valeur qu'aux autres. »

Vlan !

Et comme je l'ai dit, **vous pouvez inclure dans cette catégorie tous les dons à des associations, les appels de fonds et même les prêts purs et durs,** puisqu'ils sont sollicités de la même manière, par les mêmes personnes, et qu'ils répondent ainsi aux mêmes principes.

Dites-le une fois de plus, en y mettant du cœur :

« J'ai pour principe de ne .... parce que si je...... une, j'ai le sentiment que j'ai à .... pour toutes. Je ne peux juste pas me le permettre, et si je devais choisir, je n'aimerais pas que quelqu'un que j'aime pense que je lui accorde plus ou moins d'importance qu'aux autres. »

Maintenant, imaginez que vous êtes celui à qui s'adresse ce discours. Le temps d'une seconde, vous allez peut-être vous sentir un peu vexé, mais y a-t-il vraiment de quoi... argumenter ? Non. À moins de passer pour un trouduc. (Vous avez vu ce que j'ai fait, là ?) Et vous ne pouvez vraiment pas prendre ça personnellement. C'est juste mes principes à moi – ce qui est un peu comme mon opinion, mais plus difficile à contester, parce que, en tant qu'êtres humains, nous sommes conditionnés à nous soumettre à des choses comme des « règles » et des « politiques ».

Je vous avais bien dit que je n'en étais pas à mon premier rodéo.

Les choses auxquelles vous pourriez opposer des principes personnels

Les enterrements de vie de garçon/jeune fille pour un remariage
Tout simplement déplacé.

Offrir gratuitement un conseil professionnel
Désolé, mais est-ce que j'ai l'air de quelqu'un qui ne se fait pas grassement payer pour les compétences que j'ai accumulées en huit ans de fac et 230 K de prêts étudiants ?

Les petits déjeuners d'affaires
Utiles pour éviter des rendez-vous avec des gens qui ne boivent pas d'alcool et des enfants en bas âge.

Un aller-retour en voiture de plus de quatre heures dans la même journée
« Problèmes de dos. »

Le karaoké
Affligeant de constater combien de fois et de combien de manières ce principe antikaraoké va vous sauver la mise.

Les dîners pot commun
Sérieux, qu'est-ce qui déconne chez les gens ?

Les documentaires
Faites-moi confiance, c'est le type de film le plus courant que puissent réaliser vos amis.

Les soirées slam
Si vous n'aviez pas dit « oui » la première fois, vous n'auriez pas maintenant à vous torturer pour savoir comment annuler à la dernière minute, non ?

RSVP : non, c'est non

Observons un principe en action :

Disons qu'un ami proche m'invite à l'accompagner pour un vernissage avec séance de questions/réponses à l'artiste. Je n'ai vraiment, mais vraiment rien à foutre des vernissages – la seule idée de m'y rendre me donne envie de m'ouvrir les veines avec le cure-dents que je viens juste de récupérer sur un cube de fromage. Mais mon ami est très sensible (un artiste dans l'âme), et je ne veux pas risquer de le blesser. Je lui explique donc que j'ai des principes sur le sujet.

Il se peut que je le lui annonce en baissant les yeux et en frissonnant, histoire de bien marquer le coup. Pour ce qu'il en sait, j'ai chopé une gonorrhée au dernier vernissage auquel je me suis rendue. Personne n'a envie de parler d'un truc pareil.

Si j'en crois mon expérience, les principes personnels sont des repoussoirs hyperefficaces (en particulier lorsqu'ils sont énoncés avec un certain doigté). Si j'avais dit : « Oh, je n'aime pas vraiment les vernissages », je n'aurais exprimé que mon opinion – et, bien qu'elle soit valable et que je puisse la défendre sans faillir, il est plus facile de contester une opinion que des principes personnels. Et le ton aurait pu monter, dévorant un temps et une énergie aussi précieux l'un que l'autre :

— Tu n'aimes pas les vernissages ? Pourquoi ça ?
— Ben, je trouve ça plutôt chiant et en plus j'ai mal aux pieds à force de rester debout.
— Mais, c'est l'occasion de rentrer en communion avec l'œuvre sous un éclairage halogène !

Et puis il y a les fichus sentiments de votre ami :

— Ouais, mais on finit toujours par se retrouver serrés comme des sardines là-dedans. Et j'ai pas vraiment l'impression que les artistes soient du genre à mettre du déodorant.
— Hum, tu cherches à me dire quelque chose là ? Je sens mauvais ? La vache, t'es vraiment garce, tu sais ça ? T'avais qu'à dire que tu ne voulais pas venir.
— C'est ce que j'ai fait. Mais tu t'es mis à discuter. Tu te rends bien compte qu'on parle toujours de la même chose, là ?

Les principes personnels sont définitivement ce qu'il vous faut dans ce genre de situation. Ils sont teintés de mystère et ont tendance à mettre vos interlocuteurs mal à l'aise, ce qui clôt la conversation. Comme Kanye West.

Et ce qu'il y a encore de mieux quand vous adoptez un principe personnel, c'est qu'il est... personnel. Vous pouvez donc l'amender ou le suspendre quand bon vous semble – et personne ne viendra vous chercher des poux dans la tête, parce qu'ils auront peur d'heurter vos sentiments !

Y'a pas à tortiller, c'est du truc de ninja pur et dur tout ça. M. Miyagi serait fier.

Le minuscule petit éléphant dans la pièce

On a fait du bon boulot jusque-là, non ? On s'est lancé dans un exercice de visualisation *hardcore*, on a appris la différence entre sentiments et opinions, on a pratiqué l'art de n'avoir rien à foutre de ce que pensent les autres, on a étudié de près notre Putain de Budget et on a fait le point sur les principes personnels (mon sujet personnel préféré). J'arrive presque à sentir la magie bouillonner en vous.

Ce qui signifie, évidemment, qu'il est temps de vous faire un coup vache.

N'en avoir rien à foutre n'est pas nécessairement facile. Simple, oui. Facile, pas toujours. Et c'est précisément la raison pour laquelle nous bâtissons de solides fondations à coups de listes, de scénarios pratiques et de concepts afin de renforcer vos défenses contre les trucs vraiment balaises.

Comme les enfants. Dont les Amis, Connaissances et Inconnus semblent avoir un stock inépuisable.

(Je ne parle pas de vos nièces et neveux, cousins, enfants et petits-enfants – ils appartiennent tous à la catégorie 4 : la Famille. Totalement hors cadre. Nous nous concentrons ici sur ce dont on peut raisonnablement attendre que vous n'en ayez rien à foutre, par exemple *les enfants avec lesquels vous n'avez pas de liens familiaux*).

Si vous n'êtes pas parent, il peut être intimidant d'admettre que vous n'avez rien à foutre de ce qui a trait aux enfants. Les sentiments des gens pour leur progéniture sont si emphatiques et viscéraux (et à l'occasion irrationnels) qu'il est parfois délicat de prédire avec précision si – dans votre quête de n'avoir rien à foutre des anniversaires des moins de sept ans – vous allez blesser les sentiments de quelqu'un, ou si cette personne acceptera votre divergence d'opinions et vous laissera tranquille.

Cela ne change rien au fait que se lever un dimanche matin à neuf heures pour regarder un gosse d'un an se barbouiller de gâteau est quelque chose dont, décidément, vous n'avez rien à foutre – mais vous pourriez trépigner d'impatience (et ça se comprend) à l'idée de vous rendre à l'étape 2 : arrêter d'en avoir quelque chose à foutre.

Je suis là pour ça.

Comme vous l'avez peut-être déjà deviné, je suis, dirions-nous, « immunisée » contre le charme des enfants. Mais d'après mon expérience – et parce que les parents tendent à se sentir à l'aise pour confier leurs honteux petits secrets à une copine sans gosses après quelques bouteilles de vin –, **je peux vous dire que même les parents n'ont parfois rien à foutre des gosses des autres.**

Donc, afin d'être certaine que ce bouquin propose la bonne dose de magie à absolument tout le monde, **j'ai interrogé des parents à travers tout le pays pour comprendre ce dont exactement ILS n'avaient rien à foutre, et pourquoi.**

C'était extrêmement éclairant, et je partagerai le fruit de mon travail avec vous en temps utile.

Mais je dois aussi reconnaître que, aussi cathartique que l'expérience ait été (et croyez-moi, elle l'a été) pour ces parents qui m'expliquaient tous les trucs dont ils n'avaient rien à foutre à propos des déjections et des tétines, ils ont aussi été nombreux à ajouter cette mise en garde : avoir des enfants est gratifiant dans bien des domaines et mérite qu'on s'y intéresse.

Là est la clé : **vous consacrer aux choses qui vous rendent heureux** – comme lire, cuisiner ou jouer avec votre mini-moi – **et n'avoir rien à foutre du reste.**

Une des mères que j'ai interrogées a adopté l'angle suivant : apprendre à ses enfants à savoir ce dont ils devaient avoir ou pas quelque chose à foutre. « J'ai grandi dans un foyer où régnait la culpabilité. Je pense qu'il est important que nos enfants sachent qu'ils peuvent décider ce à quoi ils doivent accorder de l'importance. Et qu'ils ne doivent pas prêter attention à l'approbation ou au mépris des autres quand ils font des choix de vie. »

Dans le mille !

Et le commentaire le plus pragmatique que j'ai obtenu est venu d'un homme : avoir un enfant peut, en réalité, servir à déterminer et prioriser ce dont on a (ou pas) à foutre dans les autres aspects de la vie, comme le travail. Le bien-être de ce petit être humain tout neuf est parfois le catalyseur qui permet de n'avoir enfin rien à foutre de rester plus tard au bureau, d'accepter des responsabilités supplémentaires et d'entrer dans l'équipe de foot (au sens propre ou au sens figuré) de la boîte. Cela peut aider à tracer des frontières nettes aussi bien avec ses supérieurs qu'avec les employés et à se montrer franc et ferme sur ce que l'on est capable de supporter au quotidien.

En d'autres termes, cette précieuse créature pourrait être l'élément déclencheur de l'application de la méthode ***MêmePasDésolé***, catégorie 2 : le Travail. Bam !

Sans plus attendre, je suis fière de vous présenter ce qui suit :

Les choses dont même les parents n'ont rien à foutre

Par où est sorti votre bébé. Naissance par voie basse, garantie cent pour cent naturelle ? Que la force soit avec vous. Césarienne ? Tenez bon. Accouchement dans l'eau ? Tant que votre barque ne coule pas. Enfant sorti du ventre d'une autre femme ? C'est chouette la science, non ? Quelle que soit la provenance de votre paquet de bonheur, la plupart des gens n'en ont rien à foutre. Donc vous pouvez arrêter d'éprouver le besoin de justifier votre péridurale en société.

Allaitement ou pas. Bien que les commentaires sur certains murs Facebook puissent laisser penser le contraire, il s'avère que la majorité des parents ne s'intéressent qu'aux habitudes de tétée de leur enfant et n'ont rien à foutre de savoir si votre nouveau-né a réussi à « prendre le sein », à quel point vos tétons sont gercés ou si le lait maternisé nuit au système immunitaire de votre bébé. Chacun pour soi, Maman.

La méthode Ferber. Vous n'avez pas à la promouvoir ou la décrier. Tout le monde se tape de savoir comment votre gosse s'endort. Le tout, c'est qu'il le fasse !

Partager. La plupart des parents veulent que leurs enfants, une fois adultes, comprennent le concept de partage et sachent l'utiliser à bon escient. Tout comme ils veulent que leurs enfants ne deviennent pas des tueurs en série. Mais peut-être que tout le monde en fait-il un peu trop sur cette notion de partage lorsqu'il est question de jouet, de livre ou de bonnet. Comme le disait une mère : « Que mon fils partage son camion (avec le vôtre) est une idée charmante, mais, après tout, je ne vous demande pas de me laisser siroter votre café glacé à huit dollars, non ? Vous pouvez bien me lancer des regards implorants/critiques/malveillants pendant que votre gamin pleure pour le jouet d'un autre, je ne lèverai pas le nez de mon smartphone pour une bonne dizaine de minutes, pendant que mon enfant est merveilleusement occupé avec le jouet que je lui ai acheté. »

« Selon les spécialistes ». Les parents savent ce que les spécialistes racontent – ils ont tous lu les mêmes ouvrages, articles et études largement contradictoires lorsqu'il s'agit de savoir s'il faut laisser l'iPad à Junior pendant dix minutes la veille de ses cinq ans. Et même s'ils ont quelque chose à foutre (ou pas) de ce que disent les spécialistes, ils n'ont certainement pas besoin de l'entendre de votre part, vous, certifié cent pour cent non spécialiste.

L'apprentissage de la propreté. Certains parents aiment le sentiment de camaraderie/joie maligne dont s'accompagnent les discussions sur l'acquisition de la propreté – cela les aide à se sentir moins seuls. Peut-être ont-ils de bons tuyaux ou se sentent-ils supérieurs parce que leur enfant grimpe facilement sur le trône de porcelaine. Mais dans l'ensemble, très peu de gens sur notre bonne planète se préoccupent du quand, où, comment et dans quelles circonstances – sans parler de la régularité à laquelle un enfant excrète de son fondement. Beurk.

Sieste (heures de). il résulte de mes recherches que le sujet laisse penser que beaucoup de parents se souviennent qu'enfants *ils* s'endormaient n'importe où. Pourtant, la littérature actuelle sur l'éducation des enfants nous porterait à croire que les siestes doivent se dérouler selon un emploi du temps aussi strict que l'entraînement mis en place par Béla Károlyi s'ils veulent avoir un quelconque espoir que QUICONQUE DORME DE NOUVEAU UN JOUR. Ce qui est une inquiétude parfaitement compréhensible – ce n'est pas pour rien que le manque de sommeil est une forme de torture. Mais, je ne sais pas, peut-être qu'on n'a pas besoin d'en parler autant ? Une maman me confiait que, plutôt qu'endurer de la part de ses amis un exposé sur le planning de sieste du petit John et de la petite Janie, elle aurait préféré parler livres, politique, évoquer son dernier rêve érotique, ou les bras de Matthew McConaughan (qui avait peut-être tenu un rôle de premier plan dans ledit rêve). D'accord, d'accord, d'accord.

« Quand quelqu'un pense que je devrais continuer à essayer jusqu'à ce que j'en ai un (enfant de sexe différent des trois premiers). » J'ai entendu cette proposition de la part de plusieurs mères. À l'arrivée, le risque est de 50/50, non ? Donc… les gens qui mettent cette question stupide sur le tapis vont-ils arracher les bébés du mauvais sexe des bras de leur mère jusqu'à ce qu'elle touche le jackpot ?

La surenchère parentale. Il n'y a que vous pour en avoir quoi que ce soit à foutre des FANTASTIQUES activités que l'école de votre enfant propose (la robotique ! le mandarin ! le trapèze !), ou de la quantité de devoirs donnés par les enseignants, ou de la complexité de votre planning de chauffeur attitré. Les non-parents, en particulier, n'en ont rien à foutre. Et les autres parents ne s'intéressent ce genre de détails que s'ils pensent envoyer leurs propres enfants dans la même école, ou s'ils veulent faire du covoiturage.

* * *

Parents ! Qui l'eût cru ? Je me sens tellement mieux de n'avoir jamais rien eu à foutre de tout ça, et j'espère que vous aussi.

Enfin, pour boucler cette catégorie, je vous réserve un conseil éprouvé qui risque d'aller à contre-courant de tout ce que vous avez lu jusque-là – mais comme nous le savons depuis que Nick Nolte a été élu par People l'homme le plus sexy au monde, l'univers n'obéit à aucune règle bien définie...

Ce n'est pas toujours un problème de heurter les sentiments

Oh, n'ayez pas l'air si choqué. Il est vrai que jusqu'ici je me suis résolument faite l'avocate de l'usage des « sentiments des autres » comme baromètre permettant de décider si vous en aviez quelque chose à foutre ou pas, et, plus important, de juger quand appliquer l'étape 2 de la méthode ***MêmePasDésolé,*** soit n'en avoir rien à foutre. Franchise, politesse, ne pas être un trouduc. Vous connaissez la musique.

Mais en ce qui concerne les Inconnus de la catégorie 3 (et même les vagues connaissances), j'ai un aveu à vous faire : quand l'objectif est d'avoir une vie meilleure, il arrive qu'on doive, parfois, se foutre de blesser les uns ou les autres.

N'en avoir rien à foutre – et concentrer ses intérêts sur ce qui compte réellement – est un processus évolutif. Cela implique de prioriser ses intérêts en fonction de ce que la vie apporte au quotidien. Et certains jours, heurter les sentiments d'étrangers arrive tout en bas de l'échelle. *Vraiment bas.*

Je ne suis pas en train de dire que vous devriez commencer à tweeter des insultes à des inconnus juste pour le plaisir du vous-savez-quoi et de glousser. Ou vous balader dans les rues et exhorter les passants à « sucer un sac de bites » (TM Louis C.K .). Ce n'est pas magique. C'est juste méchant.

Mais arrivera un moment, un jour, où vous saurez au plus profond de votre cœur que ce n'est pas un problème de heurter les sentiments de quelqu'un durant la quête du « j'en ai rien à foutre ». Les économistes appellent ça un coût d'opportunité. Moi, je dis que c'est du bon sens.

QUELQUES SCÉNARIOS DANS LESQUELS VOUS POUVEZ VOUS AUTORISER À HEURTER LES SENTIMENTS D'UN INCONNU

1) **Quand les gens frappent à votre porte et essaient de vous convertir.** Vous n'avez pas – je répète, vous n'avez pas – à vous sentir mal de leur claquer la porte au nez. C'est vrai, on ne peut pas épeler P-R-O-S-É-L-I-T-I-S-M-E sans P-O-L-I, mais ce n'est que de la sémantique.

2) **Quand la personne devant vous chez Starbucks n'arrive pas à se décider et que vous êtes légitimement pressé.** Dans ce cas-là, vous êtes autorisé à vous renseigner : « Donc... vous avez des problèmes de vue ? Parce que je peux sans problème vous réciter la carte de A à Z, procédé qui ne peut pas prendre plus de temps que celui que nous avons déjà passé à attendre que vous preniez une décision assez basique. »

3) **Quand la dame ou le monsieur qui se tient sur scène est l'absolue antithèse du comique.** C'est une chose d'être

poli, c'en est une autre d'endurer vingt minutes de blagues éculées et de bière éventée. La/le soi-disant comique a choisi sa carrière ; elle/il ferait mieux d'avoir un moral d'acier. N'en ayez rien à foutre. Partez sans vous retourner.

4) Quand des femmes ont fait pipi sur la cuvette des toilettes. Ces monstres méritent d'être mis au pilori. Impossible de mettre à mon Putain de Budget le temps passé à essuyer avec précaution votre urine avant de pouvoir m'asseoir dans des toilettes publiques, et je suis trop petite pour recourir efficacement à la position accroupie. Je vous suivrai dans le bar/stade/salle de conférences/banquet et vous passerai un vrai savon, je vous assure.

5) Quand, dans l'avion, quelqu'un allonge son siège sur vos genoux. Mec, si t'en as rien à foutre de mon espace personnel, j'en ai rien à foutre du tien. Peut-être ne vais-je pas heurter tes sentiments, en revanche je vais te balancer des coups de genoux dans le dos aussi longtemps qu'il faudra.

Voilà : vous avez maintenant tout un tas d'outils à votre disposition pour décider d'en avoir quelque chose à foutre ou pas selon divers scénarios impliquant des amis, des relations ou des inconnus. Il est temps de revenir à nos moutons, de farfouiller dans votre hangar cérébral et d'établir votre liste !

AMIS, CONNAISSANCES, INCONNUS ET SUJETS AFFÉRENTS DONT JE PEUX ME FOUTRE OU PAS

Enfin… me reste-t-il encore des amis ?

Nous nous sommes attardés sur le négatif pour vous aider à cibler ce dont vous n'avez sincèrement rien à foutre. Mais **tout l'objectif de ces listes** est d'éliminer ce qui menace de plomber votre Putain de Budget pour **mettre en lumière ce qui en vaut la peine.** Le tout pour dégager le temps et l'espace nécessaires afin de préserver ces relations en leur accordant tout l'intérêt qu'elles méritent. C'est la magie en quelques mots.

Dans la partie IV, tout cela sera synthétisé, mais avant que nous en arrivions là, il y a encore un peu de boulot.

Ouais ! il est temps de faire péter les portes du hangar.

LA FAMILLE

Oh, la famille. Oh, *eux*.

Par où commencer ? Tout comme le Trésor public, votre famille n'existe que pour vous faire payer. Avec ses photos de groupe, mariages, bar- et bat- mitzvahs, baptêmes, communions, vacances *all inclusive*, thérapie de groupe, oncles fachos, rivalités entre frères et sœurs, drames et ressentiments, la famille est une source quotidienne et constante de prises de tête.

Tout comme un certain pourcentage de votre revenu (que certains taxeraient d'excessivement important) est systématiquement consacré au paiement de vos impôts, **un certain pourcentage des choses dont vous devez vous préoccuper est attribué par virement automatique à votre famille.** Allez savoir pourquoi, pour couronner le tout, les conséquences de cette dépense semblent plus pesantes que pour les Choses, le Travail et les Amis/Connaissances/ Inconnus réunis. Comme si on avait tous la trouille que nos cousins soient inspecteurs des impôts.

Pourquoi ? vous interrogez-vous. La réponse tient en un mot : **la culpabilité.**

Si vous sombrez dans la culpabilité, vous avez échoué à n'en avoir rien à foutre. Fin de la partie. En effet, cette culpabilité prouve que vous n'avez pas été capable d'utiliser les outils et approches que je vous ai transmis. Et ce, non seulement pour que vous n'en ayez rien à foutre, mais aussi pour que cela vous rende plus heureux.

La culpabilité n'est pas un sentiment positif. Elle ressemble plus à une envie soudaine et douloureuse de vous gratter l'entrejambe alors que vous êtes en société et qu'il vous est impossible de passer à l'acte. Et, bien évidemment, vous *mourez* d'envie d'apaiser cette démangeaison. Voilà, la culpabilité, c'est ça.

N'en avoir rien à foutre devrait toujours être source d'un plaisir, d'une satisfaction et d'un bonheur plus grands. Pas d'urticaire à l'entrejambe. J'insiste donc sur l'importance d'étudier la méthode **MêmePasDésolé** et d'utiliser chaque outil à votre disposition pour débrancher la machine familiale à culpabiliser avant qu'elle ne vous engloutisse et ne vous recrache, comme la broyeuse utilisée par le meurtrier scandinave pour débiter un cadavre dans *Fargo*.

Si possible, essayez d'éviter d'en arriver là.

Peut-être vous souviendrez-vous que j'ai rapidement évoqué la notion d'obligation et en quoi elle appartient au domaine de la famille. C'est une vérité universellement reconnue que les membres d'une même famille tendent à penser que les autres membres de leur famille doivent avoir quelque chose à foutre de leur vie respective uniquement parce qu'ils partagent certains gènes.

Réfléchissez-y une seconde. Est-ce que cela a le moindre sens ? Non, vraiment aucun.

L'un des principes fondamentaux dans le fait d'avoir quelque chose à foutre de quoi que ce soit, c'est que cela résulte d'un choix, non d'une obligation. Vous tenez à pouvoir choisir comment dépenser votre temps, votre énergie et votre argent afin d'optimiser le plaisir que vous retirez de toutes relations, tâches, produits ou événements donnés. En gros, ce que vous pouvez contrôler, par opposition à ce que vous ne pouvez pas contrôler.

Et comme nous le savons tous, on ne choisit pas sa famille. Alors on devrait au minimum choisir comment et pourquoi interagir avec elle. Non ?

Non ? ! ? (Soupir.) Bon, ben, essayons au moins.

Quand un cigare n'est pas seulement un cigare et une tasse de thé pas seulement une tasse de thé

Disons que votre maman (béni soit son petit cœur nostalgique qui ne néglige aucun détail aussi minime soit-il) essaie de vous refiler la porcelaine Royal Heidelberg de sa mère (votre grand-mère). Vous n'en voulez vraiment pas. Vous avez le sentiment d'être la seule que le sujet concerne, puisque c'est à vous qu'incombera la tâche de trouver un endroit où ranger le service, de faire semblant de l'aimer et de l'utiliser quand vos parents vous rendront visite – mais vous savez qu'en réalité cela concerne aussi votre mère, parce qu'elle est littéralement concernée par tout ce que vous faites. (Vous êtes sortie de son *vagin*.) Donc si vous refusez d'accepter ce « cadeau » de la femme qui vous a expulsé de son jeune et fragile utérus, vous allez sans aucun doute la froisser.

Il est temps de sortir la carte « opinions vs sentiments », non ?

Ah, mais même si ce n'est que de l'opinion de votre mère dont vous devriez vous soucier dans cette histoire de porcelaine familiale, elle ne peut, pour sa part, la dissocier de ses sentiments pour sa mère/votre grand-mère, qui ne saura même pas que le service est en votre possession puisqu'elle est morte. (Mes condoléances.)

Vous envisagez alors plusieurs scénarios et en arrivez à la conclusion que c'est une cause perdue. Parce que même si vous vous montrez franche et super polie, il y a de fortes chances pour que votre mère soit blessée, quels que soient vos arguments. Vous en concluez que vous feriez mieux de remballer tout ça et de prétendre avoir quelque chose à foutre du service à thé.

Cette frustration est classique quand il s'agit d'affaires familiales. Vous n'avez qu'une envie, lever les bras au ciel et capituler devant OBLIGATION et CULPABILITÉ.

Des alternatives existent, je suis là pour vous le prouver.

Bien sûr, il m'est impossible de vous affirmer que je vais vous épargner toutes tentations de céder à la culpabilité en matière familiale – pour ça, il y a les ordonnances de benzodiazépines –, mais ce chapitre du livre vous aidera à déterminer quels aspects de votre vie de famille sont vraiment dignes d'intérêt et/ou non négociables. Oui, parfois il faudra prendre sur vous et y mettre du vôtre lorsque la famille est en jeu, mais je vais vous montrer comment recadrer les choses pour tirer le meilleur parti d'une situation loin d'être idéale. Souvenez-vous : vous êtes un membre de votre famille comme les autres, et vous aussi méritez d'être heureux.

D'après les sondages…

Il s'avère que nous sommes une majorité à avoir la même opinion en ce qui concerne les choses dont nous n'avons rien à foutre dans le domaine familial. Comment est-ce que je le sais ? Parce que j'ai réalisé un sondage dont les réponses étaient anonymes. J'ai demandé à chacun de me dire ce qui arrivait tout en haut de sa liste des Choses-dont-je-n'ai-rien-à-foutre, catégorie Famille. J'ai moi-même été scotchée par le déferlement de réponses identiques. (Je vous avais prévenu, la famille est un foutu champ de mines.)

La consigne était : « Désigner ce dont vous n'avez rien à foutre à propos de votre famille. » Ci-dessous, les six résultats qui sont revenus le plus souvent, par ordre croissant d'importance.

6) Le fait que nous partageons le même sang, comme si cela avait quelque chose à voir avec le truc que tu essaies de me convaincre de faire

Il y a à peu près cinq minutes, j'ai déclaré que c'était un non-sens absolu d'avoir quelque chose à foutre de quoi que ce soit *uniquement à cause de votre lien de parenté*. À l'exception de ce qui concerne votre propre descendance, à laquelle, d'une certaine manière, vous devez quelque chose – au moins jusqu'à ce qu'elle puisse se démerder toute seule – puisque vous l'avez mise au monde, vous n'êtes tout simplement pas obligé de vous sentir concerné. Vous pouvez penser l'être. Mais ce n'est pas le cas. Et vous êtes nombreux à sembler le savoir déjà, alors peut-être que, finalement, tout espoir n'est pas perdu.

5) L'intimité obligatoire/avoir à « apprécier » tous les membres de la famille

Nous sommes tous de très jolis flocons de neige, aucun n'étant identique à l'autre. Même dans le cas de vrais jumeaux ! (C'est vrai, vérifiez.) Alors comment peut-on attendre que nous nous aimions tous les uns les autres tout le temps et que nous ayons envie de traîner ensemble en permanence ? Pousser frères et sœurs, cousins et compagnie qui ne s'apprécient pas à une intimité que personne ne souhaite est sans aucun intérêt.

4) Les photos de famille

Je ne m'attendais pas à ce que ce sujet obtienne de tels scores, mais, bon sang, c'est dingue à quel point les gens détestent les photos de famille. À mon avis, cela tient surtout au fait que vous êtes peu nombreux à avoir quelque chose à foutre de la photo elle-même. Vous la verrez le lendemain sur Facebook, vous la « likerez » obligatoirement et l'oublierez aussitôt. Nous ne vivons désormais plus dans un monde où les gens passent un moment agréable ensemble le vendredi soir, à écluser des gins martinis et à éplucher des albums de famille. (Ce monde a-t-il jamais existé ?) Le mépris inhérent pour ladite photo vient – comme de nombreuses personnes interrogées l'ont indiqué – du fait qu'elle a été prise « à la dernière minute » (personne n'aime être victime d'une attaque sournoise) ou par le fait « d'avoir eu à coordonner sa tenue » (personne ne veut ressembler à un membre d'une famille royale sur le déclin). Une fois encore, c'est comme dans un jeu de nombres ; si une majeure partie de la famille n'a aucune envie de poser pour la photo officielle, il faut que TOUT LE MONDE tienne bon et décide de n'en avoir rien à foutre. Majorité fait loi !

3) Les vieilles histoires

Rivalités au sein de la fratrie, rancœurs, chicaneries et DRAMES !!! Voilà ce qui envahit mon sondage, tout comme les « fameuses » recettes de salades de pommes de terre monopolisent la conversation à une réunion de famille. Il est carrément évident que personne n'a rien à foutre de qui a dit quoi, de qui c'était la faute ou qui est le préféré de Maman. (Salut, Tom ! Merci de lire mon livre !)

2) Les fêtes ringardes et autres traditions familiales

Les familles s'agrandissent et certains de leurs membres disparaissent. Il devrait en être de même de certaines traditions. Et pourtant, nous sommes nombreux à paraître coincés dans une sorte de malaise type *Un jour sans fin** lorsqu'il est question d'événements et de rituels dépassés accompagnant les jours fériés, les vacances et autres réunions familiales. Quand il s'agit de Noël, Pâques et Hanoukka, on touche au religieux, ce qui complique doublement les choses. Ce bungalow que votre père loue chaque week-end de Pâques depuis 1986 ? Trente ans plus tard, il est dans un tel état de délabrement que vous feriez aussi bien de passer directement avec vos propres gosses aux urgences pour vous faire vacciner contre le tétanos. Tout comme « ce n'est pas parce que nous sommes parents que je dois en avoir quoi que ce soit à foutre de Machin », ce n'est pas parce que votre famille a toujours fait comme ça que vous devez faire de même jusqu'à la fin des temps. Une divergence d'opinions respectueuse saupoudrée d'une pincée de franchise et de politesse devrait ici accomplir des merveilles. Ou, si rien ne marche, invoquez votre principe personnel antibungalows.

Enfin (roulement de tambour), la réponse numéro un à la consigne « désigner ce dont vous n'avez rien à foutre à propos de votre famille ».

---

* Phil Connors, journaliste à la télévision et responsable de la météo(interprété par un Bill Murray hilarant) part faire son reportage annuel dans la bourgade de Punxsutawney où l'on fête le «Jour de la marmotte». Dans l'impossibilité de rentrer chez lui ensuite pour cause d'intempéries, il se voit forcé de passer une nuit de plus dans cette ville perdue. Réveillé très tôt le lendemain, il constate que tout se produit exactement comme la veille et réalise qu'il est condamné à revivre indéfiniment la même journée, celle du 2 février... (*N.d.T.*)

Match nul entre :

1) Les divergences politiques et 1) Les divergences religieuses

Que ces deux bourbiers aient été mis en avant encore, encore et encore par les participants à ce sondage signifie que tous deux méritent une bonne crise *MêmePasDésolé* à l'ancienne.

Commencez par la religion. Une sorte d'exorcisme. Un foutrexorcisme, si vous préférez.

« Suis-je le gardien de mon frère ?* »

Voilà un cas classique de retour à nos racines et à ce tout premier élément de la méthode *MêmePasDésolé* : décider de se foutre de ce que pensent les autres. Votre foi ne regarde que vous – ce qui vaut aussi pour votre tante Jennifer dans toute sa gloire de grenouille de bénitier. Elle a ses opinions, vous avez les vôtres. Si vous vous montrez poli et sincère sur les divergences rencontrées, demander que la religion ne soit dorénavant plus un sujet de discussion en famille ne fait pas de vous un trouduc.

---

* Genèse IV, 9. « Suis-je le gardien de mon frère ? » est la première question posée par la Bible lorsque, pour la première fois, Caïn et Abel se sont trouvés en compétition.

Vous êtes raisonnable. Si quiconque se sent blessé, ce n'est pas votre faute.

Laissez-moi vous administrer le « traitement Robin Williams dans *Will Hunting* » :

C'est pas ta faute.

C'est pas ta faute.

C'EST PAS TA FAUTE.

Donc, la prochaine fois que Tante Jennifer fait une allusion pas-si-subtile-que-ça à votre inclination à vivre dans le péché, contentez-vous d'essuyer la coulure d'œuf Bénédicte sur votre menton et de déclarer : « Je respecte ton opinion, Tatie, mais je préférerais ne pas avoir de conversation sur nos différentes conceptions de la religion ici, pendant le brunch du soixantième anniversaire de mariage de Mamounette et Papounet. »

C'était franc et poli, non ? Vous êtes, dans ce cas précis, tout sauf un trouduc.

Tentez le coup. Vous pourriez être surpris par l'efficacité du procédé ou à tout le moins, par l'incapacité d'une Tatie Jen, prise au dépourvu, qui ne sait réagir autrement qu'en gloussant nerveusement et en dressant en accent circonflexe un de ses sourcils trop épilés.

Le pouvoir de la franchise est tout sauf exagéré. Sincèrement, la perte de temps et d'énergie que représente

le fait de tourner autour du pot est inimaginable. En fait, la simple idée de le faire est épuisante.

Je devine que vous n'avez même pas encore tenté le coup, à ce point aspiré par la spirale **obligation/honte/culpabilité** que vous voilà paralysé. Faible. Prêt à passer vingt précieuses minutes à être sermonné pour éviter ce que vous percevez comme une confrontation encore plus pénible.

Ne serait-il pas mieux de simplement dire ce que vous pensez et de penser ce que vous dites ? De simplement... faire à autrui ce que vous voudriez qu'il vous fasse ? Franchement, tout ça est dans le Livre.

En avoir quelque chose à foutre ? Votez non !

Laissez-moi partager une anecdote personnelle pour illustrer à quel point je crois en la méthode *MêmePasDésolé* et pour vous montrer comment elle a fonctionné pour moi. Les noms ont été modifiés pour protéger l'identité de certains membres de la famille, mais les circonstances sont cent pour cent authentiques, promis juré. Ceux dont il est question ici liront peut-être ce livre un jour et se reconnaîtront, qu'ils n'en éprouvent aucune honte. *MêmePasDésolé* est là pour que l'on puisse vivre la meilleure des vies possible ; ma démagogie politique les soûle autant que la leur me gave. Ici, contrairement à ce qui se passe lors d'une élection, tout le monde gagne !

Un soir, mon mari et moi passions un agréable dîner en compagnie de deux membres de la famille. Tandis que nous dégustions un délicieux plat de poissons frits, le sujet de notre président alors en fonction – ainsi que de l'authenticité et l'exhaustivité de son acte de naissance – a surgi dans la conversation. Des allégations furent lancées, des opinions exprimées et, avant que tout cela ne se transforme en un long débat, j'ai regardé chacun des membres de la famille dans les yeux et déclaré : « Dick, Jane, je vous aime, mais fin de la conversation. » Puis, je me suis tournée vers mon mari – qui partage mes opinions politiques, mais tient à en parler horriblement plus que je ne le pense nécessaire – et j'ai ajouté : « Je suis sérieuse. »

Pas la moindre petite blessure affective. On a changé de sujet, on a ri, léché la sauce tartare sur nos doigts, et le reste de la soirée s'est parfaitement bien passé.

VOILÀ comment un dîner de famille devrait se passer. Ce qui possible, si vous budgétez en conséquence ce que cela vous coûte.

Refuser de porter le poids de la honte

La honte est solitaire. Elle isole. Sa conséquence directe est la culpabilité. Si je livre les conclusions de mes recherches, c'est pour montrer que vous n'êtes pas seul. Pléthore de parfaits étrangers à travers le monde ont répondu à mon enquête et prouvé qu'ils partagent le même désintérêt pour bien des problèmes familiaux sensibles.

ET SI TOUT SE TERMINE DANS LES LARMES ???

Ce dont je veux vous faire prendre conscience avec les exercices que je vous propose et en insistant sur l'importance de la franchise et de la politesse, c'est que lorsque la méthode *MêmePasDésolé* est appliquée en toute bonne foi, il y a peu de chance pour que les larmes coulent. Bien sûr, le risque que les choses tournent mal n'est jamais nul. Mais il est plus probable que vous entriez dans une ère nouvelle d'apaisement des conflits et de respect mutuel.

Et si jamais il apparaissait que votre tribu est composée de pleurnicheurs hystériques... Tenez-vous vraiment à ce qu'ils persistent à vous inviter ?

Il est donc tout à fait possible que plusieurs membres de votre propre famille soient aussi exaspérés que vous l'êtes quand oncle Jim grimpe sur la dinde de Noël pour haranguer la famille, ou que cousine Renée oblige les invités au dîner de répétition de votre mariage à porter un fil rouge de la Kabbale.

Et si vous n'êtes pas seul, vous n'avez pas besoin d'éprouver un tel sentiment de *honte* pour avoir décidé de n'en avoir rien à foutre.

Les chiffres sont toujours rassurants. En vous appuyant sur la force du consensus, vous vous sentirez mieux armé pour décider quand vous n'en avez vraiment et sincèrement rien à foutre, et pour agir avec assurance.

Vacances : un principe personnel

Mon mari et moi-même avons adopté un principe au sujet de Thanksgiving, et il nous est très utile. Sentez-vous libre de vous l'approprier ou de l'amender pour votre propre bénéfice.

Nos familles se divisent en trois « ensembles ». Nous ne sommes malheureusement pas doués du don d'ubiquité, **et nous ne voulons pas faire de chouchous**. Résultat, il y a à peu près huit ou neuf ans, nous avons informé nos familles que nous installions un système de rotation sur trois ans des ensembles en question, auxquels nous rendrions visite à tour de rôle selon un ordre préétabli et ne souffrant aucune exception. Personne ne passera outre, même au prétexte que, cette année, tante Marie fête un anniversaire important, ou parce que les cousins ont trouvé des places à un prix défiant toute concurrence pour une croisière à huit (et qu'ils ont besoin de nous pour atteindre ce chiffre), ou encore parce que je-ne-sais-qui a une nouvelle petite amie qu'il faut absolument qu'on rencontre. Reparlez-m'en si elle est encore dans les parages quand arrivera votre tour. J'ai même raté ma quinzième réunion des anciens du lycée parce qu'elle avait lieu pendant le Thanksgiving réservé à mes beaux-parents (non pas que j'en eusse vraiment quelque chose à foutre de cette réunion, mais la question n'est pas là).

Rigide ? Sans aucun doute, mais, **l'avantage, c'est qu'on ne vexe personne**.

Bien, bien, bien. La ligne d'arrivée n'est plus très loin !

CINQ TRUCS DE PLUS DONT LES GENS N'ONT RIEN À FOUTRE LORSQU'IL S'AGIT DE LA FAMILLE

1) Suivre les envois de SMS groupés
2) « Les histoires que mes parents m'ont racontées sur des gens avec lesquels j'ai grandi, et que je connais déjà via Facebook. »
3) « Leur dissimuler mon alcoolisme alors que c'est à cause d'eux que je bois. »
4) « Cette râlerie permanente et négative. »
5) « Les chiens de mes parents qu'ils appellent, de manière inexplicable, leurs "petits-enfants poilus". »

Nous sommes presque arrivés au terme de nos quatre catégories de Préoccupations Potentielles, et si j'ai bien fait mon boulot, la magie porte déjà ses premiers fruits. Au minimum, vous avez découvert de nouveaux outils et stratégies pour obtenir ce que vous attendez de la vie, et vous vous sentez rasséréné de savoir qu'il existe d'autres personnes exactement dans le même cas que vous, qui veulent (ou ne veulent pas) les mêmes choses.

Mais avant de refermer le chapitre de la Famille, il reste une sous-catégorie qui supplie qu'on s'intéresse à elle. Elle nous cajole. Nous met la pression. *Exige* qu'on lui accorde notre attention. Vous savez de quoi (de qui) je parle.

La belle-famille

Vous vous souvenez de ce que j'ai dit à propos du choix ? Eh bien, à moins que vous ne soyez né dans une culture qui impose le mariage forcé, vous choisissez votre conjoint, mais pas votre belle-famille.

Si c'était ça le mariage, on ne vivrait que des rencontres d'un soir.

Sachez-le, en vous mariant, vous avez doublé d'un seul coup vos « dépenses » familiales. C'est un peu comme quand vous avez une prime au boulot, que vous faites des bonds partout (« trop génial ! ») et puis que les impôts vous en taxent 50 %... WTF ?

En gros, votre belle-famille fait partie du lot... Ce que vous aviez vraiment envie de ramener à la maison, c'était votre conjoint, mais le vendeur a rajouté des options gratuites : quelques individus supplémentaires. Certains peuvent s'avérer être des à-côtés sympas, comme les accoudoirs avec porte-boisson intégré de la banquette arrière ; d'autres... pas tant que ça.

Mais tout comme avec votre propre famille, dans laquelle vous n'avez pas choisi de venir au monde, il est tout à fait acceptable de morceler l'investissement que vous accordez à votre belle-famille pour réduire au maximum les désagréments (et optimiser les joies) tout en accordant à chacun le respect qui lui est dû.

Pas de doute : vous mettre d'accord avec votre conjoint sur un Putain de Budget commun et vous entendre pour **diviser et régner** seront un gros avantage.

Exemple : un membre de votre famille se marie, ou a un bébé, ou prend un an de plus, ou fête un événement marquant qui nécessite que vous fassiez un cadeau. Il y a de grandes chances que le temps et l'énergie consacrés à l'achat dudit cadeau soient de votre ressort, alors que, s'il est destiné à quelqu'un figurant sur l'arbre généalogique de votre conjoint, ce serait à lui de s'en charger. (Puis-je me permettre de suggérer d'offrir à tout le monde un exemplaire de ce livre ?)

Vous n'y couperez pas : de nombreuses lignes budgétaires quotidiennes (ou semi-annuelles) s'ajouteront à votre Putain de Budget lorsque vous hériterez de tout un tas de nouveaux membres de la famille. Mais si vous y réfléchissez bien : **ils héritent aussi de vous.** Et de vos convictions religieuses, de vos opinions politiques, de vos traditions pour les fêtes et de votre aversion pour les pulls à col roulé identiques pour les photos de groupe.

Quand il s'agit du « j'en ai rien à foutre ! », vous pourriez avoir plus en commun que vous ne l'imaginez !

Résultat, en mettant en pratique la méthode ***MêmePasDésolé*** avec votre belle-famille, vous pouvez provoquer une réaction en chaîne dont le point culminant sera une hausse du bonheur et de l'harmonie – et une baisse de préoccupations – pour tous ceux concernés.

La dernière ligne droite

Vous allez vous aventurer dans votre hangar cérébral pour la dernière fois. Tout ce que vous y avez accumulé en rapport avec la Famille est probablement profondément enfoui sous une couche de toiles d'araignée et de ressentiment. Vous avez toute ma sympathie. Tout comme les décorations de Noël, tout ce qui touche à la Famille prend une place considérable, même en plein milieu du mois de juin, mais une fois que vous aurez dépoussiéré tout ça et traîné tout ce fatras au grand jour, la plus grande partie du boulot sera faite.

Alors, attaquez-vous à cette dernière liste et rendez-la inoubliable !

TRUCS DE FAMILLE DONT JE PEUX ME FOUTRE OU PAS *

(*belle-famille incluse)

Des listes en béton

Et voilà ! Maintenant que vous en êtes arrivés là, vous avez à votre disposition les outils nécessaires pour décider d'en avoir quelque chose à foutre ou pas, et pour organiser tout ça en catégories bien distinctes. Vous avez valsé à travers votre hangar cérébral, pointant votre torche électrique métaphorique dans ses recoins les plus sombres, éclairant ce qui y était empilé depuis... eh bien, depuis bien avant d'avoir commencé la lecture de ce livre.

L'étape 1 de la méthode *MêmePasDésolé* – décider de quoi vous n'avez rien à foutre – est désormais achevée. Vous devriez désormais avoir à votre disposition quatre listes exhaustives des choses dont vous avez peut-être quelque chose à foutre (ou pas) dans chacune des quatre catégories (et les doigts tout engourdis). La bonne nouvelle ? Maintenant, on rentre dans la partie sympa : tirer un trait sur tout un tas de trucs !

Souvenez-vous que « avoir quelque chose à foutre de » signifie y consacrer votre temps/énergie et/ou argent, quel que soit l'item qui se trouve sur votre liste. En le rayant et en n'en ayant PLUS RIEN à foutre, vous devriez GAGNER du temps, de l'énergie et/ou de l'argent à consacrer à tout le reste.

Pour commencer, munissez-vous d'un énorme marqueur noir. Parce qu'il n'y a rien de plus satisfaisant que de rayer des trucs avec un marqueur géant. Certains pourraient même dire que c'est « magique »...

Pardon, c'était trop tentant.

Puis, toujours aussi mal installé sur votre plancher entouré de vos listes pour la dernière fois – matérialisation du travail accompli dans votre hangar mental – prenez note de ce qui éveille des sentiments de joie et de ce qui déclenche des désagréments au plus profond de votre cœur, de votre esprit, de vos tripes.

Un frémissement dans votre poitrine ou votre entrejambe ? Joie ! Laissez votre marqueur noir passer par-dessus ces items comme l'Ange de la Mort épargnant les fils premiers-nés d'Israël.

Palpitations, angoisse, nausée ? Ces manifestations physiques indiquent les deux ou trois trucs à rayer.

Dans son livre, Marie Kondo conseille de remercier tour à tour les objets dont vous allez vous débarrasser – une robe, un sac, etc. – pour service rendu. Mais je ne suis pas sûre que ce qui va basculer dans la liste de ce dont vous n'avez rien à foutre le mérite, non ? Cela a épuisé votre temps, énergie et argent pendant bien trop longtemps.

Non, moi, ce que je veux que vous fassiez, c'est ça : pendant que votre marqueur plane au-dessus des trucs qui vous pourrissent la vie, y atterrit et les raye enfin d'un trait décidé, **vous devriez prononcer à voix basse un solennel « va te faire foutre » pour chacun d'entre eux.**

Ça fait du bien, non ?

Vous êtes maintenant presque prêt à attaquer l'étape 2 et à récolter tout plein de magie en récompense ! Je suis heureuse de voir que vous en êtes arrivés là en si peu de temps. Mais, hé, jussssste pour être sûr qu'on est bien raccord, qu'en est-il des choses que vous n'avez pas rayées sur votre liste ?

Vous êtes sûr de ne pas vouloir y réfléchir à deux fois ?

Ne sous-estimez pas le poids d'un intérêt occasionnel

Peut-être certaines choses sont encore là parce que vous vous êtes dit *hé, c'est pas comme si cela se présentait très souvent.* Il est probablement plus facile de s'y intéresser et de ne pas avoir à s'occuper des retombées.

N'avez-vous rien appris ?

Peut-être que je n'ai pas été assez claire – et j'en assume l'entière responsabilité –, alors reprenons le concept de la théorie de la vitre brisée une fois de plus. Si vous continuez à vous intéresser bon gré mal gré à des choses qui vous contrarient, on continuera à attendre de vous que vous le fassiez. C'est un cercle vicieux, comme la paperasse inutile ou les rediffusions de *L'incroyable famille Kardashian*.

Vous vous souvenez qu'adopter un principe personnel crée un précédent (de manière positive) ? Avoir quelque chose à foutre de quelque chose crée également un précédent et rend de plus en plus difficile d'arrêter de le faire dans le futur.

Si vous vous êtes déjà astreint à mettre de l'ordre dans ce dont vous avez quelque chose à foutre (ce qui est une tâche chronophage), à créer des catégories, à dresser des listes et à établir un Putain de Budget, alors pourquoi tomber dans la facilité et continuer à dilapider vos ressources pour des choses qui vous agacent, seulement parce qu'elles se présentent une ou deux fois par an ?

Avec ce genre de logique, vous n'atteindrez jamais l'éveil. Mais vous passerez tous vos Noëls avec la gueule de bois à vociférer des chants stupides.

En avoir à quelque chose à foutre

Enfin, si vous avez consulté le schéma page 51, en avez suivi les étapes et avez déterminé qu'il y a bien sur votre liste des choses dont vous avez réellement quelque chose à foutre, alors n'hésitez pas, donnez-vous à fond ! C'est facile. Vous n'avez pas besoin de moi pour ça. (Mais je vous remercie pour votre confiance.)

Pour tout le reste, il est temps de mettre en pratique l'étape 2 de la méthode *MêmePasDésolé* : n'en avoir rien à foutre.

PARTIE III

N'EN AVOIR RIEN À FOUTRE

Vous êtes sur le point de n'en avoir plus rien à foutre. De cette hauteur, la vue est plutôt exceptionnelle, non ?

Dans la partie II, vous avez appris à reconnaître ce dont vous aviez quelque chose à foutre en fonction de la joie ou de l'agacement que vous ressentiez. Vous en avez fait une évaluation afin de pouvoir établir votre Putain de Budget. Différents outils et approches vous ont été proposés – en l'occurrence, sentiments, opinions, franchise et politesse –, sur lesquels vous appuyer dans vos calculs.

Vous vous êtes assis par terre et avez dressé toutes ces listes. Vous avez décidé que vous n'aviez plus rien à foutre de certaines choses. Peut-être même vous a-t-il fallu acheter un nouveau marqueur noir parce qu'il n'y avait plus d'encre dans le premier (c'est déjà arrivé). Félicitations. Sincèrement.

Mais le meilleur est à venir. Parce que dans cette troisième partie... vous allez réellement ARRÊTER D'EN AVOIR QUELQUE CHOSE À FOUTRE.

On y va ? Ouais !

Nerveux ? Ne vous inquiétez pas, je suis passée par-là .

Commençons par visualiser tout ce que vous avez à y gagner. Cela devrait vous préparer mentalement à devenir un as du « j'en ai rien à foutre ! ».

La foutue Sainte Trinité : temps, énergie et argent

Le temps, l'énergie et l'argent sont ce que vous gagnez en cessant d'en avoir quelque chose à foutre. **Gardez bien ça à l'esprit, cela vous sera utile quand le moment sera venu de passer à la vitesse supérieure pour atteindre l'étape 2.** Visualiser vos gains libère des endorphines. Et, selon mon opinion toute professionnelle, les endorphines sont magiques.

Alors, prenez une minute et à tout ce que l'étape 2 vous apportera. Par exemple :

LE TEMPS

Parfois, la seule chose dont vous avez envie est de disposer d'une heure de libre pour prendre tranquillement un bain et vous couper vos ongles de pieds. En n'ayant rien à foutre de vous pointer au BBQ vegan de votre voisin, cette heure est à vous. Plongez-y avec délice !

L'ÉNERGIE

À l'occasion, vous aimeriez vous lever à six heures du matin pour aller à la salle de sport quand il n'y a personne pour vous y voir. En n'ayant rien à foutre de vous rendre au foutu dîner organisé par untel ou untel un mardi à vingt-deux heures (non, mais, sérieux ?), vous resterez sobre, reposé, vous aurez l'œil vif et la démarche alerte le mercredi pour votre rencard avec le vélo elliptique.

CE QUE J'AI PERSONNELLEMENT OBTENU EN N'AYANT RIEN À FOUTRE DE CERTAINS TRUCS

- Des heures de sommeil
- Des parties de jambes en l'air
- Des vacances sans e-mails
- Une connaissance encyclopéqiue du même Internet chat
- Des vendredis soirs sur le canapé avec mon pote Baileys
- De la confiance en moi
- Un joli bronzage

L'ARGENT

Il vous arrive d'avoir tellement envie de ces vacances dans les Caraïbes que vous avez du sable dans votre short rien que d'y penser. En n'ayant rien à foutre du mariage de votre copine de maternelle auquel (non, mais, d'abord !) vous ne comprenez pas pourquoi vous avez été invité, vous pouvez vous rendre directement sur Lastminute.com et réinvestir les mille balles que vous auriez dû y dépenser avant de lire ce livre. Le tout la conscience tranquille. *MêmePasDésolé* jusqu'aux îles Vierges, baby !

Une autre manière de visualiser vos gains est de prendre les items de votre liste « choses dont je n'ai rien à foutre » et de les placer sur le diagramme de Venn ci-contre. De cette manière, vous pouvez clairement voir où votre temps, votre énergie et votre argent sont dépensés, et ce que vous pouvez récupérer en ayant rien à foutre des dites choses.

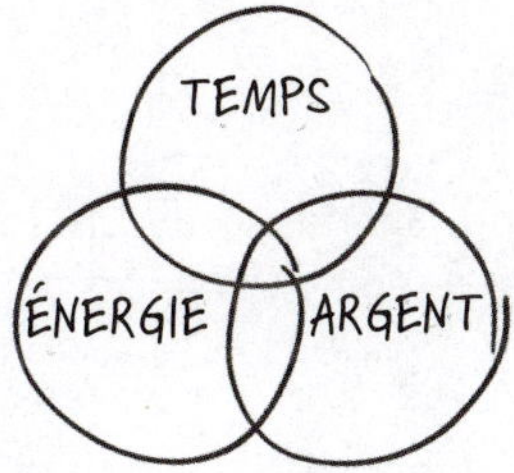

Reprenons vos listes en ayant cela à l'esprit.

Inscrivez un petit T à côté de tout ce qui, lorsque vous ne vous y êtes pas laissé entraîner, a généré un gain de temps, que vous avez occupé comme vous en aviez envie.

Puis, notez des E pour énergie et enfin des A pour argent. (Ces items seront peut-être un peu difficiles à déchiffrer sous le trait noir de votre marqueur géant, mais j'ai le sentiment que vous ne les avez pas déjà complètement oubliés.)

Certains ne rentreront que dans un seul cercle du diagramme, d'autres dans diverses combinaisons de T + E ou E + A, etc. Et, à l'évidence, c'est de ne rien avoir à foutre des items situés pile au milieu, là où se recoupent T + E + A, qui vous libérera de la manière la plus agréable qui soit.

Malheureusement, ce sont aussi probablement ceux qui vont requérir un maximum d'attention aux sentiments et aux opinions des autres, tout en exigeant de vous que vous restiez dans votre Putain de Budget, que vous développiez quelques principes personnels et que vous opériez des choix décisifs pour ne pas être un trouduc.

Mais on peut y arriver.

Le diagramme qui correspond aux dix choses dont je n'ai personnellement rien à foutre (page 66) ressemble à ça :

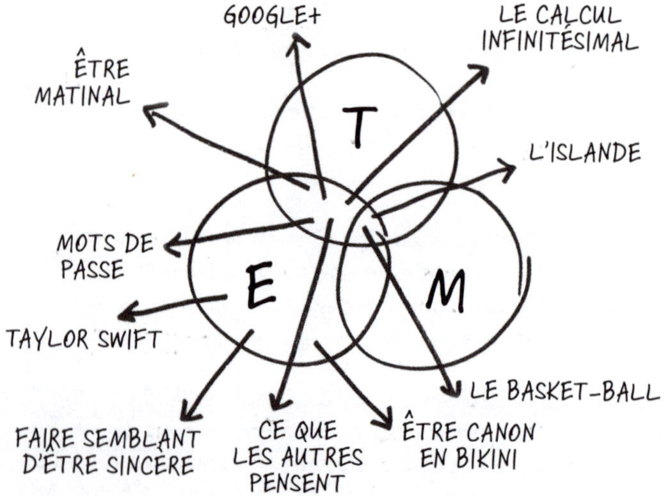

Comme vous le constatez, il est chargé côté temps et énergie, et moins du côté argent.

Cela s'explique parce que, pour moi, le temps est une ressource limitée, l'énergie est d'une manière ou d'une autre renouvelable lorsque les circonstances sont favorables ; et on peut toujours avoir plus d'argent (cf. les cartes de crédit renouvelable).

Et pour ceux qui s'étouffent sur leur SMIC en lisant ça, comprenez que je dis uniquement que pour *moi*, comparé au temps – dont j'ai commencé à manquer littéralement à la seconde où j'ai poussé mon premier cri –, l'argent peut au moins être gagné ou emprunté si besoin est ; en revanche, emprunter du temps est impossible. Je suis néanmoins persuadée que, si American Express pouvait trouver un moyen de proposer ce genre de prêt, il le ferait sans aucun doute, avec un TEG à 16,9 %.

Mais chacun son truc ! **Savoir *quelles* ressources ont le plus de valeur à vos yeux n'importe pas vraiment en faisant cet exercice. Ce qui compte, c'est apprendre à les reconnaître.** Quelles que soient les permutations qui s'opèrent sur votre diagramme, regarder les choses tomber dans les catégories que vous estimez les plus importantes vous placera en bonne position lorsqu'on abordera l'étape 2.

Et vous aidera à retrouver ce temps, cette énergie et cet argent !

Eh, vous avez entendu ? Ce sont vos endorphines qui s'expriment. Elles me disent que vous vous en sortez super bien.

À petits pas

N'en avoir rien à foutre peut être aussi simple que raccrocher au nez d'un télévendeur, vous faire porter pâle le jour de votre anniversaire ou enfiler un bonnet pour recevoir le plombier à sept heures du matin plutôt que vous lever aux aurores pour vous doucher et vous faire un brushing comme si vous participiez au concours des filles les plus sexy du magazine Maximal.

Mais peu importe à quel point établir vos listes et décider d'en finir avec tout un tas de trucs vous ont enthousiasmé, quand il s'agit de hisser les voiles et d'aborder l'étape 2, **les vents de votre excitation peuvent retomber**. Afin d'éviter de vous retrouver coincé en pleine mer muni d'une simple radio CB et d'un sourire, je vous recommande de plonger (figurativement) encore une fois dans la méthode qui vous a amené jusqu'ici.

C'est-à-dire de commencer délibérément par les items de votre liste qui n'affectent que vous. De cette manière, vous attaquerez l'étape 2 sereinement, avant d'avoir à faire avec les sentiments des autres (ce qui, comme vous le savez peut-être, peut se révéler *suprêmement* gênant).

Il se peut même que vous n'ayez pas besoin d'être poli. En fait, tout ce que vous avez à faire est d'être honnête – envers vous-même.

Niveau d'alerte jaune : les trucs dont il est facile de ne rien avoir à foutre

Rien à foutre du drame permanent que vit votre ami en direct sur Facebook ? « Ne plus suivre » est l'une des façons les plus simples jamais inventées pour n'en avoir rien à foutre. Aucun des risques de conflit qu'un « retirer de la liste d'amis » peut provoquer, avec tous ses bénéfices. Merci, Mark Zuckerberg !

Rien à foutre des rides ? Économisez l'argent dépensé en crèmes et sérums, le temps passé à les appliquer sur votre visage et l'énergie consacrée à vous inquiéter des signes visibles du vieillissement, qui (attention ! spoiler) sont impossibles à éliminer, à moins que vous vous appeliez Christie Brinkley*. Sérieux, elle est carrément trop bien conservée.

Rien à foutre de comprendre les marchés financiers ? Arrêtez de vous taper sur la tête à coups de Wall Street Journal uniquement pour avoir l'air de savoir de quoi vous parlez lors des dîners en ville. (Et trouvez-vous peut-être un conseiller financier – si c'est un bon, l'investissement vaut

---

* Repérée en 1973 (si, si !!), Christie a fait la une des magazines plus de 500 fois en trente ans. Son nom apparaît en bonne place dans les classements de « femmes les plus sexy de tous les temps » de divers magazines masculins. Même passée la soixantaine, elle semble ne pas voir une ride. (*N.d.T.*)

le coup.) Utilisez plutôt le temps ainsi dégagé pour vous perfectionner sur un sujet qui vous tient à cœur – peut-être les bordeaux grands crus ? – et laissez à quelqu'un d'autre rencarder votre bande de potes sur l'état des marchés.

Niveau d'alerte orange : les trucs dont il est moyennement facile de ne rien avoir à foutre

Passons aux sujets qui, à l'évidence, **vident de façon déraisonnable** votre réserve de temps ou d'énergie, voire votre portefeuille. Des choses qui – bien qu'elles puissent concerner d'autres que vous ou nécessiter une bonne conversation mobilisant opinions et/ou sentiments – ne sont tout de même pas, objectivement, votre problème.

Rien à foutre que votre pote de quarante ans doive déménager demain et demande un coup de main « contre quelques bières » ? La franchise totale (« Je ne peux être tenu pour responsable de ton incapacité à te conduire en adulte ») pourrait bien ne pas être ici la meilleure politique à adopter, mais vous pouvez poliment vous décommander en prétextant une vague obligation professionnelle. Après tout, que connaît-il à ce sujet ?

Rien à foutre de promouvoir la synergie au travail ? Au début, vous vous inquiéterez peut-être que votre boss vous critique sur ce coup-là, mais soyez rassuré : la synergie est extrêmement difficile à quantifier et votre manque d'intérêt n'y changera rien. Conservez cette énergie créative pour quelque chose qui VOUS sera bénéfique – par exemple remplir une grille parfaite au Loto Foot.

Rien à foutre que vos collègues décident de procréer ? Il suffit de ne pas participer au bon cadeau sur couches.com qui circule au bureau. Vous vous inquiétez de passer pour un radin ? Relisez la page 35.

Niveau d'alerte rouge : les trucs dont il est le plus difficile de ne rien avoir à foutre

Vous aurez ici besoin de tous vos outils et d'une bonne dose de maîtrise de soi, à quoi s'ajoutent peut-être un principe personnel ou deux. **Ces sujets impliquent d'autres que vous, leur potentiel à heurter les sentiments/vous transformer en trouduc est élevé, et ils sont souvent inacceptables sur le plan social.** En d'autres mots, ce pour quoi la méthode *MêmePasDésolé* a été inventée. Il est temps de se préparer au combat !

Rien à foutre des mariages, remises de diplômes et événements assimilés lorsqu'ils concernent des membres éloignés de la famille ? Ces événements sont généralement planifiés bien à l'avance. C'est comme ça qu'on vous coince. Avant que vous ne cochiez gaiement la case « accepte » sur la carte RSVP, grevant votre Putain de Budget sans en mesurer les conséquences réelles, pensez à ce que vous éprouverez *le* *jour J* – ou pire, le jour précédent –, alors que vous faites la queue à l'aéroport pour franchir les contrôles de sécurité, en route pour le mariage « Star Wars » de Barry, votre cousin au troisième degré de Pittsburgh. Comme le dirait maître Yoda : « À de sombres extrémités, nous nous trouvons, et une connaissance plus grande pourrait éclairer notre chemin. » Si vous parvenez à prendre conscience de ces sombres extrémités avant de répondre, vous vous épargnerez des jours (des semaines ? des mois ? jusqu'à l'événement) à être rongé par les regrets et l'anxiété, *et* des dépenses somptuaires de billets d'avion et d'hôtel. Contentez-vous de cocher « regrette » sur le carton réponse et d'envoyer un cadeau. Peut-être un gaufrier Étoile de la Mort ?

Rien à foutre des gosses de vos amis ? Tout d'abord, il vous faut insister sur le fait qu'il ne s'agit pas seulement de leurs enfants, mais de tous, en général ! Il s'agit donc d'un principe personnel. (Et si vous êtes vous-même parent, « tous sauf le mien » fonctionne aussi très bien.) Quoi qu'il en soit, déclarer littéralement « je n'ai rien à foutre de tes gosses » a peu de chance de provoquer des réactions positives. Bien sûr, vous n'aurez peut-être plus jamais à côtoyer les enfants en question, mais vous avez probablement perdu un(e) ami(e). Si l'on part du principe que vous NE voulez PAS qu'on attende de vous que vous assistiez à des réceptions où l'invité d'honneur est un bambin, ou qu'on ne vous demande jamais, *quelles que soient les circonstances*, de servir de baby-sitter, mais qu'en revanche vous voulez garder vos amis, vous aurez à atténuer cette franchise avec une bonne dose de politesse. Une sucette, à l'occasion, ou un « oh ! trop mignon ! » lancé sur les réseaux sociaux peuvent se révéler très efficaces.

Tout l'esprit du « morceau de sucre qui aide la médecine à couler ». (Mary Poppins : *MêmePasDésolé* depuis 1934.)

Rien à foutre des bébés chiens ? Ouais, ben, bonne chance avec celui-là.

Discours d'encouragement

En toute honnêteté, je dois reconnaître que, même après avoir décidé de ce dont vous avez à foutre ou pas, mis vos listes sous forme de diagrammes et commencé avec le plus facile, il n'est pas toujours évident de naviguer sereinement. À l'évidence, Richard Simmons*, moi-même et nos semblables avons tout compris, mais si n'en avoir rien à foutre était si facile que ça, vous seriez déjà tous passés à l'acte.

Oui, vous avez bien entendu : une légère rechute peut être tentante. Et même courante. Pas d'inquiétude. Tout comme la pilule contraceptive, la méthode *MêmePasDésolé* est révolutionnaire, mais ne protège pas à cent pour cent. Si vous éprouvez des nausées matinales, gardez cet avertissement à l'esprit.

* Acteur et prof de fitness, il ne fait aucun doute que Simmons n'a rien à foutre de son look : débardeur aux incrustations de cristal, short de sport et cheveux bouclés mal coiffés. (*N.d.T.*)

LA SOIRÉE À LAQUELLE PERSONNE NE VEUT ALLER

Rappelez-vous la soirée karaoké organisée par des collègues évoquée dans la partie II. Admettons que vous avez décidé – en établissant vos listes – que vous n'aviez vraiment rien à foutre du karaoké, ou de Tim ou peut-être des soirées d'anniversaire en général. En fait, vous êtes pratiquement sûr que personne n'a envie d'aller à cette soirée, mais maintenant que vous vous êtes lancé dans la lecture de ce livre, vous êtes le seul à vous sentir assez courageux pour dire non. Vous appliquez l'étape 2 et séchez la soirée.

Ça, c'est fait !

Mais le lendemain, pour une raison indéterminée, vous ne vous sentez pas très à l'aise. Peut-être que Tim ou les autres vous snobent-ils. (Concentrez-vous : avez-vous quoi que ce soit à foutre de ce qu'ils pensent ?) Vous faiblissez. Vous commencez à remettre en question votre décision. Vous vous en inquiétez, puisant dans votre budget énergie.

Arrêtez ça, tout de suite.

Il est primordial de ne pas confondre ce sentiment inhabituel de liberté avec du regret ou de la honte. Vous avez pris la bonne décision. Nom de Dieu, ils ont chanté tout un album d'Ed Sheeran ! Ce n'est pas un élan de regret* que

---

* Si vous pensez sincèrement éprouver du regret, il est temps d'ajouter « regret » à la liste des choses dont vous n'avez rien à foutre.

vous ressentez ; c'est un sentiment de liberté, teintée de pitié envers vos collègues.

Ceux-là mêmes dont vous finirez par vous foutre de leur opinion.

À propos du degré de franchise

J'ai passé beaucoup de temps jusqu'ici à essayer de vous faire entrer dans le crâne les deux éléments clés nécessaires pour attaquer l'étape 2 sans être un trouduc : la franchise et la politesse. Et, bien que j'admette qu'en certaines circonstances être poli soit surfait (voir page 112), la sincérité est en fait le plus *flexible* de ces deux principes.

La franchise est généralement la meilleure politique à adopter quand il s'agit de n'en avoir rien à foutre. Elle tend à mettre chacun sur un pied d'égalité et aide à éviter de tourner autour du pot, ce qui est épuisant – sans même mentionner l'inconvénient, « réseau social » lorsque vous avez menti sur les raisons pour lesquelles vous ne pouviez pas vous rendre quelque part, et que vous vous retrouvez à vous inquiéter d'être repéré sur Facebook ou Foursquare (est-ce que ça existe encore ?) après un malheureux « participera à » une soirée concurrente.

Que de dispersions !

Adopter l'angle de l'honnêteté vous permet de dire, par exemple, « je suis désolé, je n'ai pas le temps de lire ton roman autopublié sur les gnomes, mais je te souhaite tout le succès du monde », ou « je n'aime pas le thé ». Simple, direct, et si annoncé poliment très efficace.

Ne pas blesser les gens, et ne pas être pris en flagrant délit de mensonge, est la forme la plus pure de la méthode *MêmePasDésolé* Rien pour vous plonger dans les affres de l'inquiétude ou vous obliger à présenter des excuses.

Mais nous savons tous qu'à certaines occasions – alors que vous avez emprunté l'étape 1 et décidé d'en avoir rien à foutre, suivi votre cap de la manière la plus polie et sincère qui soit – pratiquer l'étape 2 laisse une impression... dégueu. La bonne nouvelle, c'est que, si vous en êtes là, c'est que vous n'êtes pas un trouduc. Les trouducs n'ont jamais les boules.

Ce que je cherche à vous dire, c'est que si vous avez le pressentiment qu'une franchise totale N'EST PAS, en réalité, la meilleure règle à adopter, vous pouvez légèrement la distordre. J'ai dressé une liste pratique à laquelle vous référer :

QUAND UNE FRANCHISE TOTALE N'EST PEUT-ÊTRE PAS LA MEILLEURE RÈGLE À ADOPTER

- Lorsque les talents de cuistot de quelqu'un d'autre sont en jeu.
- Lorsqu'il pourrait tout aussi facilement s'agir d'« une question d'emploi du temps ».

- Lorsque vous n'avez pas envie d'en parler au psy de qui que ce soit.

- Lorsque le Père Noël et de jeunes enfants sont des éléments de l'équation.

- Lorsque vous vous adressez à une femme enceinte.

- Lorsque vous vous adressez à votre belle-mère.

- Lorsque vous vous adressez à votre belle-mère enceinte.

Intérêts différents, même principe

Dans la partie II, nous avons travaillé à **décider** de ce dont vous n'aviez rien à foutre. Puis, au début de cette partie, nous avons revu quelques concepts pour se préparer mentalement. **Maintenant – en nous appuyant sur de vraies réponses venues de vraies personnes – il s'agit de nous attaquer au « N'EN AVOIR RIEN À FOUTRE DE CES CHOSES ».**

Oui, oui, dans cette partie, je reviens à mes recherches !

En m'appuyant sur les résultats de mon sondage anonyme, je vous fournirai des exemples de sujets qui surgissent régulièrement sur les listes « choses dont je n'ai rien à foutre » et vous montrerai comment on peut en arriver à affectivement s'en foutre sans – dites-le avec moi – devenir un trouduc.

Pour vous faciliter la pratique du *MêmePasDésolé*, je vous propose trois niveaux de passage à l'acte (étape 2), selon votre personnalité et votre capacité à rester raisonnable face au déraisonnable.

COMMENÇONS PAR LA CATÉGORIE 1 : LES CHOSES

Au moment où j'écris ces lignes, plus de dix pour cent des participants au sondage ont sélectionné la famille Kardashian ou un membre spécifique de cette famille (oui, c'est pour toi ça, Kimberly) comme sujet dont ils n'ont rien à foutre, tandis que dix autres pour cent ont répondu la téléréalité, les stars de la télé, ou les gens célèbres pour leur célébrité. Je ne sais pas quoi vous dire, les gars, ce problème nous dépasse. J'ai consacré un peu de temps à examiner cette question essentielle : si tant de gens n'en ont rien à foutre des Kardashian, pourquoi envahissent-ils donc mon écran ? Mais j'en ai rapidement conclu : j'en ai rien à foutre.

Passons à autre chose.

Au-delà des membres de la mafia de la téléréalité – les bachelors hommes ou femmes, les femmes au foyer où qu'elles soient, et la famille Duggar* – quelques autres célébrités sont apparues dans la catégorie Choses dont je

* Famille baptiste de l'Arkansas qui compte dix-neuf gosses dont tous les prénoms commencent par la lettre J. Durant dix ans, les Duggar ont été les héros d'une émission de téléréalité. Dans la famille rien-à-foutre, je demande... (*N.d.T.*)

n'ai rien à foutre – entre autres Madonna, Hugh Jackman et Drake. Je pense qu'il est assez facile de poursuivre vers l'étape 2 et de n'en avoir dans ce cas précis rien à foutre (sauf, j'imagine, si vous êtes la mère de Drake), je vais donc aborder de questions plus pressantes :

Recycler La méthode *MêmePasDésolé* est essentiellement destinée à faire passer votre bonheur en priorité et à préserver votre temps et votre énergie pour les choses qui vous tiennent à cœur. Donc, si sauver votre planète n'en fait pas partie...

Débutant : Recyclez bouteilles et boîtes de conserve, mais arrêtez de vous inquiéter de savoir si le papier sulfurisé et le polystyrène sont recyclables. Non, je ne vous le dirai pas.

Intermédiaire : Bon sang, balancez ce tas de cadavres de bouteilles dans la poubelle au lieu de vous prendre la tête avec le tri sélectif. Vous avez fait la bringue hier soir. Vous avez besoin de repos.

Confirmé : déléguez le recyclage à votre conjoint ou vos colocataires, et n'y pensez plus. Responsable, mais pas coupable. La méthode a fait ses preuves.

NPR* Personnellement, je n'ai rien contre la radio publique – salut, vous ! sentez-vous libres de m'inviter dans l'un de vos nombreux programmes si éclairants et

---

* L'équivalent de Radio France. Un truc sérieux, quoi, pas ambiance radios libres version années 1980. (*N.d.T.*)

divertissants ! –, mais je comprends vraiment le réflexe de n'avoir rien à foutre de quelque chose que le reste de la société semble idéaliser, en particulier lorsque c'est servi avec une saine dose d'élitisme. (Lire ce que je pense du *New Yorker* page 69).

Débutant : Lorsque quelqu'un mentionne un des programmes de la NPR, dites : « attends, attends, ne me raconte rien », et éloignez-vous. On vous prendra pour quelqu'un d'intelligent.

Intermédiaire : Inventez un faux programme radio, dites que c'est votre programme préféré et kiffez quand ils prétendent l'écouter eux aussi.

Confirmé : Si vous avez réussi à n'avoir plus rien à foutre de ce que les gens pensent de vous, la prochaine fois que quelqu'un commence à s'extasier sur le programme d'info phare qui explose tous les taux d'audience, vous pouvez prononcer tête haute ces cinq mots libérateurs : « Je n'écoute pas la NPR. »

NB : le rosé : Remplacez cette dernière locution par « je n'aime pas le rosé », et délectez-vous de voir tout le monde autour de la table penser : moi non plus. Mais qu'est-ce que je fais de ma vie ?

Qui est le « véritable » auteur des pièces de Shakespeare ? Si vous êtes un universitaire, spécialiste de Shakespeare, vous devez vous intéresser à la question, ou tout du moins faire semblant. Autrement ? Pas plus que ça.

Débutant : Lorsque quelqu'un à un cocktail avance l'argument Christopher Marlowe*, marmonnez : « Un Marlovian, hein ? » et crachez par terre. Il comprendra le message.

Intermédiaire : Si vous êtes coincé, adoptez l'attitude de Hotspur dans *Henri IV, Première partie***. Dites : « Oh gentilshommes, la vie est courte ! » puis décampez dans la pièce attenante et filez à l'anglaise. (À propos, c'est une excellente, excellente stratégie lorsqu'il s'agit de n'en avoir rien à foutre dans d'innombrables circonstances.)

Confirmé : Pour commencer, n'allez pas à ce genre de soirées.

Game of Thrones Voilà une autre mise en pratique plutôt simple de la méthode *MêmePasDésolé*, dans la mesure où personne ne vous force de la pointe de l'épée à lire les bouquins ou à regarder la série (même si cela serait carrément génial, ironiquement parlant). Mais lorsqu'il s'agit d'avoir à écouter d'autres personnes parler de leur lecture des

* Contemporain de Shakespeare, Marlowe était lui aussi un auteur réputé. Une théorie a donc été avancée selon laquelle il avait simulé sa mort pour poursuivre son œuvre sous le nom de Shakespeare. Foutrement tordu, selon le monde universitaire. (*N.d.T.*)

** Hotspur signifie « tête brûlée ». Le comte Henry Percy a hérité de ce surnom en raison de sa nature impulsive, qui l'amenait probablement à ne pas avoir à foutre de grand chose. (*N.d.T.*)

bouquins ou de leur soirée devant la série, vous devez vous tenir prêt.

Débutant : « Oh... vous parlez encore de ça ? Désolé, j'avais l'esprit ailleurs. J'imagine que je ne serai pas invité à regarder le finale, zut ! »

Intermédiaire : Un sincère et poli « Eh, les mecs, dans la mesure où je n'ai pas grand-chose à foutre de *Game of Thrones*, je vais prendre la tangente et je vous retrouve mardi matin, quand vous aurez fini de faire des hypothèses sur ce qui est réellement arrivé à Jon Snow et en quoi la version du livre diffère. »

Confirmé : Investissez dans un tee-shirt à message : *Les Dragons n'en ont rien à f**tre.* Portez-le chaque lundi aussi longtemps que nécessaire.

LA RÉPONSE AU SONDAGE QUE J'AI PRÉFÉRÉE

DRESSAGE : j'ai dû aller vérifier ce mot-là et, quand j'en suis arrivé à la partie de l'article Wikipédia qui disait "le dressage incarne alors la forme stylisée des mouvements gracieux du cheval", je l'ai ajouté à ma liste des choses dont je n'ai personnellement rien à foutre.

Qui que vous soyez, merci d'avoir élargi mon horizon.

Les réseaux sociaux Par où commencer ? Dans notre monde moderne, ne pas être sur Facebook est un peu comme avoir été communiste à Hollywood dans les années 1950. Les moutons n'aiment pas ceux qui ne rentrent pas dans le rang. Moi-même, je suis la fière détentrice/opératrice de comptes Facebook, Twitter et Instagram (bien que, comme vous le savez, Google + représente ma limite). Mais si vous êtes l'un des happy few à militer pour une vie sans « j'aime », restez fort. Il n'y a pas d'hastags pour vous guider sur cette voie.

Débutant : Choisissez une plate-forme au hasard, créez un compte-écran et oubliez-le. La politique de Facebook concernant le respect de la vie privée est absolument pourrie, je vous recommande donc de vous planquer sur Twitter – c'est là qu'on trouve tous les trucs croustillants de toute manière. Les gens se conduisent vraiment très très mal sur Twitter.

Intermédiaire : Bien, n'ouvrez aucun compte, mais ne parlez pas non plus du fait que vous n'avez pas de page Facebook. C'est chercher les ennuis.

Confirmé : Vous avez entendu parler de l'usurpation d'identité ?

Qui craque sur qui Gloire à vous, esprits éclairés ! Si vous savez que c'est quelque chose dont vous n'avez rien à foutre, il est extrêmement facile de passer à l'étape 2.

RENTRER DANS LE MOULE

Ceci – OUI, CE QUE VOUS LISEZ À LA SECONDE MÊME – est la raison pour laquelle j'ai écrit le livre que vous avez entre les mains. Que vous soyez un pratiquant débutant, intermédiaire ou confirmé, *La magie du « j'en ai rien à foutre ! »* est destiné à ceux qui sont épuisés à force de jouer le jeu de l'intérêt, de l'enthousiasme et du conformisme. Il s'agit de leur (vous) donner les moyens de se sentir libre d'être eux-mêmes (vous-mêmes), et de vivre ce que la vie a de meilleur à leur (vous) offrir.

Débutant : Tu vois ces deux personnes de même sexe en train de se mordiller les oreilles ? C'est-y pas mignon ?

Intermédiaire : En passant en revue les pages d'un magazine, vous tombez sur la quatrième femme de Billy Joel. Elle a la peau luisante comme une pierre de lune, ce qui contraste avec la si sexy couperose alcoolisée de Billy. Tournez la page.

Confirmé : Il est si *monumentalement* facile de n'avoir rien à foutre de savoir qui craque sur qui, que, une fois que vous avez atteint le niveau confirmé, vous devez à vos concitoyens *non seulement* n'en avoir rien à foutre, *mais aussi* de rappeler à quiconque que vous prenez sur le fait d'en avoir quelque chose à foutre qu'il est stupide.

CATÉGORIE 2 : LE TRAVAIL

Beaucoup, beaucoup de ceux qui ont répondu à mon sondage ont déclaré n'avoir rien à foutre des réunions, conférences téléphoniques et codes vestimentaires – sujets sur lesquels nous nous sommes déjà longuement étendus dans la partie II.

Mais voici ci-dessous quelques refrains, revenant fréquemment, qui nécessitent manifestement un recours au traitement *MêmePasDésolé*.

E-mail non sollicité (répondre à un) Un bon exemple de quelque chose qui *techniquement* affecte quelqu'un d'autre que vous (à savoir l'expéditeur de l'e-mail) – mais si vous n'aviez pas demandé à recevoir le message en question, ça ne compte pas.

Débutant : Vous êtes par conséquent autorisé à n'en avoir rien à foutre. Cliquez sur « supprimer » et passez plus de temps à surfer sur gossip.fr. Dieu sait qu'ils n'en ont rien à foutre.

Intermédiaire : Supprimez les e-mails et bloquez leurs expéditeurs. Ça leur apprendra.

Confirmé : Passez votre boîte mail débordante de newsletters, coupons de réduction et *updates* de KissKissBankBank à la moulinette de l'un des superprogrammes « se désabonner ». L'effet est proche de celui d'un premier shoot d'héroïne (à ce qu'on m'a dit).

Les potins Si vous ne voulez vraiment pas être un rouage de la machine à potins, il existe tout un tas de moyens pour vous en sortir en limitant les dégâts.

Débutant : Fermez votre porte, si vous en avez une. Sinon, investissez dans une paire d'écouteurs. Quel est l'intérêt de gossiper avec quelqu'un qui a les oreilles obstruées ? Voilà.

Intermédiaire : Un poli « je ne veux pas le savoir » et vos mains tranquillement posées sur vos oreilles jusqu'à ce que votre interlocuteur s'éloigne devraient lui permettre de faire comprendre en douceur votre position.

Confirmé : La prochaine fois que quelqu'un mentionne l'habitude qu'a Regina d'écrire des SMS cochons, levez la main et répétez après moi : « j'vais lui dire que t'as raconté ça. » *Voilà !* Plus personne ne vous rapportera de ragots.

Exercices de team building Devoir travailler ensemble jour après jour est déjà pénible, est-il vraiment nécessaire de travailler en plus sur notre *travailler ensemble* ? C'est comme jouer dans un mauvais Fellini, mais le café y est encore pire.

Débutant : Prenez un jour de vacances.

Intermédiaire : Prenez un jour pour maladie.

Confirmé : Prenez un jour pour raisons personnelles.

Faire le lèche-cul Dans la partie II, je vous ai expliqué que, pour une chose qui *nécessitait* toute votre attention au boulot, cinq ne la méritaient pas. Jouer le lèche-cul est l'une d'entre elles. Faites bien votre boulot, et il n'y aura aucune raison pour que vous vous abaissiez à cirer les bottes du boss, de son assistante ou de la fille au service de presse (dont la rumeur dit qu'elle couche avec votre boss).

Débutant : Ne le faites pas, c'est tout. C'est facile de refuser de faire quelque chose qui n'est même pas sur la fiche de description de votre poste.

Intermédiaire : Si le léchage de cul est exigé par le boss ci-dessus mentionné, envisagez de prendre une photo de lui et de sa maîtresse, et lancez-vous dans un chantage mesquin. Ça n'a pas plus d'intérêt, mais c'est bien plus satisfaisant.

Confirmé : Employez la psychologie inversée. Si vous n'avez rien à foutre de certains aspects de votre poste dont vous devriez réellement avoir quelque chose à foutre, faire le lèche-cul peut en fait s'avérer utile. À chacun sa croix.

La « mission d'entreprise » Vous connaissez le paradoxe du singe savant ? C'est un théorème selon lequel une infinité de singes tapant sur une infinité de machines à écrire pendant une durée infinie produiront un texte donné. C'est essentiellement de cette manière que sont pondues les déclarations de « mission d'entreprise », raison pour laquelle vous pouvez n'avoir rien à foutre de la retenir ou d'y adhérer. Elles sont le résultat de tombereaux d'heures de « brainstorming » et de « focus-groupe », tout ça pour pondre un paragraphe insipide, dégageant autant de potentiel offensif qu'un encéphalogramme plat. Fréquemment stupide, il aurait pu être rédigé par n'importe quelle infinité de singes dans n'importe quelle salle de conférences du pays.

TOUS NIVEAUX : Je suggère que chaque fois que vous tombez sur une déclaration de mission d'entreprise, plutôt qu'en lire/assimiler le contenu, vous passiez deux minutes à imaginer une pièce remplie de singes en train de fumer le cigare en jouant joyeusement du clavier. Je pense sincèrement que cela vous sera plus utile.

« C'est pas mon boulot » Voilà une lame à double tranchant. À l'évidence, personne ne *veut* faire le boulot des autres. Mais je vous reçois cinq sur cinq : rien à foutre du « c'est pas mon boulot » lorsque cet argument se transforme en excuse pour ne pas accomplir une tâche d'une simplicité absolue au risque de faire prendre du retard à tout un projet. Charlene de Victoria's Secrets ne reconstitue pas son stock de petites culottes au moment opportun et personne ne veut s'y coller ? D'accord, elle craint, mais, en attendant, personne ne peut quitter les lieux avant que le rayon Femmes soit nickel.

Débutant : Contentez-vous de faire le boulot et rapportez l'affaire à vos supérieurs lundi. Peut-être dépenserez-vous du temps et de l'énergie, mais vous prendrez votre pied à savoir que Charlene se fera virer la semaine prochaine. Tout bénef.

Intermédiaire : Faites son boulot cette fois-ci, et cette fois-ci seulement (et prévoyez de la balancer), mais juste pour voir, laissez un mot de la part de la Petite Souris des strings informant Charlene que ses jours sont comptés.

Confirmé : Suggérez de tirer à la courte paille. Ayez toujours une paille truquée dans la poche.

Les gosses des collègues Quand Paul, de la compta, commence à jacasser sur les 10/10 de sa fille en dictée, il peut vous arriver de croire que vous n'avez aucun recours. Détrompez-vous.

Débutant : Tenez-vous le ventre et lancez un : « Hey, c'est top, mais faut que je file ! » sincère et poli. Pour ce qu'en sait Paul, vous souffrez d'une terrible diarrhée (par ailleurs un excellent mot à caser dans une dictée).

Intermédiaire : « Hum. Bizarre. Je me demande de qui elle tient ça. » Sincère, limite poli, c'est ce que dans le milieu on appelle un « mic drop* ».

Confirmé : « Génial. Ma fille à moi est analphabète. » Paul ne vous adressera plus jamais la parole. Quel que soit le sujet.

Les week-ends racontés de A à Z Certains de vos collègues hallucineront peut-être à cette idée, mais les week-ends sont le moment où la plupart des gens évitent le « travail, faire son » et les « collègues, parler avec ». De retour au boulot le lundi matin, si vous vous retrouvez confronté à la légende des leçons de paddleboard à Trifouillis-sur-Mer, vous pouvez toujours utiliser la même

* Quand, par exemple, un président des États-Unis lâche son micro à la fin d'un discours particulièrement percutant. (*N.d.T.*)

stratégie que celle adoptée avec Paul et son génie de l'orthographe.

Débutant : « Faut que j'y aille » (*mains serrées sur le ventre*).

Intermédiaire : « Hum... merci pour ces images ? »

Confirmé : « (Ma femme/mon mari/ma moitié) a passé l'arme à gauche dans un terrible accident de paddleboard. »

Évaluation annuelle Il est probable que vous ayez à vous présenter à votre entretien d'évaluation annuel si vous tenez à garder votre boulot. Mais – et je sais que cela peut sembler contre-intuitif – vous n'avez pas à vous y intéresser pendant ledit entretien. Pourquoi ? Parce que les dés sont déjà jetés. Cette évaluation a déjà été faite par votre boss. Aujourd'hui est seulement le jour où vous avez en prendre connaissance.

Débutant : Imaginez votre boss en sous-vêtements. Avec un peu de chance, cela vous détendra sans vous écœurer.

Intermédiaire : Imaginez votre boss dans un maillot de bain ridicule avec des talons à paillettes.

Confirmé : *Portez* un maillot débile et des talons à paillettes pour votre entretien et devenez immédiatement le roi du « j'en ai rien à foutre ! ».

À quel point votre collègue est un « vrai fan » de Tarantino Un seul des participants à mon sondage a évoqué ce sujet, mais j'espère que, qui que vous soyez, vous lisez ce livre parce qu'il représente, dirons-nous, le Graal du « j'en ai rien à foutre ». Et j'espère que votre collègue le lit aussi, parce qu'il ou elle mérite d'être étape-deuté de fond en comble. Balancez tout. Soyez complètement honnête. Vous n'avez même pas besoin d'être poli. Sortez-vous, ainsi que tous les autres à votre bureau, de cette misère collective, je vous en supplie.

CATÉGORIE 3 : AMIS, CONNAISSANCES ET INCONNUS

Je vais adopter ici une approche légèrement différente, parce que les circonstances qui pourraient vous pousser à avoir quelque chose à foutre des objets ou événements en rapport avec des amis, connaissances et inconnus sont **plus floues, nombreuses et complexes que dans n'importe quelle autre catégorie**. Et aussi parce que la variété pimente l'existence.

À moins que vous ne changiez de boulot (et parfois même si), la catégorie Travail présente un nombre relativement limité d'intérêts (les mêmes trucs, pas les mêmes jours) ; celle des Choses est largement inanimée, et par là même requiert moins de finesse lorsqu'il s'agit de passer à l'étape 2 ; avec la Famille, les sujets sont récurrents d'année en année (notamment en raison des merveilleuses traditions que sont les fêtes, évoquées précédemment).

Mais les amis, connaissances et inconnus sont, dans l'ensemble, moins prévisibles. Ils entrent et sortent de votre vie avec une plus grande régularité (en particulier les inconnus qui se pointent en permanence avec leurs

LE « J'EN AI RIEN À FOUTRE ! » ULTIME AU BOULOT : DÉMISSIONNER

En être arrivé aussi loin dans votre lecture peut vous pousser à regarder en face quelques dures vérités : votre boulot vous sort par les trous de nez ; vous avez fait le tour de votre hangar mental, dressé vos listes et réalisé que votre armoire à dossiers est bourrée de trucs qui vous insupportent ; vous avez beau vous échiner, les portes ne ferment pas et vous allez finir écrasé sous ce machin qui vous sera tombé dessus.

Si c'est le cas, je déteste avoir à vous l'annoncer, mais n'avoir rien à foutre des téléconférences et des gamins de vos collègues ne sera pas suffisant. Vous avez besoin d'un nouveau job, c'est tout. On parle de l'Ultime Étape 2 : démissionner. Certes, vous ne pouvez peut-être pas passer à l'acte AUJOURD'HUI – il ne s'agit pas de poser ce livre, mettre le feu aux glands des mocassins Gucci de votre boss et partir comme une flèche en n'accordant pas une pensée à comment vous allez faire bouillir la marmite. Mais faire bouillir la marmite est déjà une préoccupation quotidienne. Alors partir à la recherche d'une nouvelle source de revenus va peut-être vous demander un investissement en temps et en énergie sur le court terme, mais au service d'une joie à long terme ! Une fois installé dans votre nouveau boulot, la pression retombera à un niveau normal. Il sera alors temps de vous offrir une nouvelle armoire à dossiers. Vous l'aurez bien mérité.

pétitions, leur manière pourrie de se garer, sans même parler des « réunions de quartier ») et se déplacent souvent en troupeaux, ce qui peut rendre difficile la navigation à travers l'étape 1, sans parler de passer à la mise en œuvre de l'étape 2.

Heureusement, il existe un événement dans la vie qui, si vous parvenez à en appréhender les dédales et les défis, vous servira de schéma directeur pour presque toutes les interactions dans cette catégorie. Une sorte d'étude de cas, si vous préférez.

Vous vous demandez quand on en arrivera aux mariages, non ?

J'aime les mariages, célébrations joyeuses et divertissantes de l'amour. Je me suis éclatée à plus ou moins quarante-deux mariages. Alors, quand un lecteur citera dans son commentaire sur Amazon ce qui suit hors contexte, rappelez-vous juste ceci (d'ailleurs tout le monde sait que c'est vrai) : les mariages provoquent un énorme trou dans votre Putain de Budget.

Vous vous souvenez du diagramme de Venn (page 145) ? Les mariages se situent dans la zone de recouvrement commune au temps, à l'énergie et à l'argent.

Les tout premiers auxquels vous assistez sont de nouvelles expériences. Il y a la danse, l'alcool, le gâteau gratuit et peut-être un photobooth. Super, les mariages ! Puis, le temps passant – en particulier pour les lecteurs dans la vingtaine et la trentaine qui ont des amis, frères et sœurs et cousins du même âge –, vous vous rendez probablement à un nombre croissant de mariages. Ils en perdent l'attrait de la nouveauté et deviennent probablement moins divertissants, ou tout du moins vous demandent plus de temps et d'énergie. Ils sont sans aucun doute plus chers. Et soudain, vous vous retrouvez avec une douzaine d'invitations – auxquelles s'ajoutent fiançailles et enterrements de vie de garçon/de jeune fille – et seulement une certaine somme disponible tout comme un nombre limité de jours de congé annuels.

Si vous êtes quinquagénaire, dans la soixantaine ou septuagénaire, vous êtes maintenant invité aux mariages des enfants de vos amis ! Ce qui signifie que les enjeux sont moins élevés pour vous, mais les réjouissances requièrent de votre part autant de temps, d'énergie et d'argent.

Il n'y a aucune honte à admettre que tous les mariages auxquels vous serez invités jusqu'à la fin des temps ne sont pas des mariages auxquels vous devez vous rendre.

Vous faites souvent, et avec plaisir, des sacrifices pour participer aux événements exceptionnels qui jalonnent la vie de vos amis (ou des enfants de vos amis). Mais, parfois... Parfois, il se peut que la destination choisie ne soit pas dans vos moyens. Ou que vous ayez envie de vous rendre au mariage, mais ne puissiez faire entrer dans votre calendrier les seize autres soirées qui l'accompagnent. Ou encore que vous ne connaissiez pas très bien ces gens. Vous pouvez même ne pas vouloir ou être dans l'incapacité d'y assister pour tout un tas de raisons parfaitement justifiables.

On en est tous passés par là, même si je suis la seule à l'avouer noir sur blanc. Les mariages sont là où se rendent les Esprits éclairés pour descendre des shots tièdes de bonne vodka et rendre les armes dans les bras d'une demoiselle d'honneur bien disposée.

Vieux trucs, nouveaux trucs, trucs empruntés, trucs bleus

La raison pour laquelle les mariages offrent une étude de cas si utile sur le plan général dans la catégorie 3 est **qu'ils impliquent TOUT À LA FOIS des amis, des connaissances et même de parfaits inconnus.**

Envisagez les choses sous l'angle suivant : votre mariage, vous devez en avoir quelque chose à foutre. Ajoutez la belle-famille, vous atteignez votre seuil de tolérance. Voici venir le jour du mariage de quelqu'un d'autre, et vous êtes de nouveau sollicité. On vous demande de vous intéresser à tout un tas de choses dont chacune est probablement en lien avec un ami ou un membre de la famille de votre ami, et ainsi de suite – bref, elles concernent de vagues connaissances voire des inconnus.

Pendant une courte période (ou pas si courte que ça), on attend de vous un investissement qui suffirait à alimenter le PNB d'un petit pays. Disons celui de Tuvalu dans le cas d'une cérémonie intime, ou de la Micronésie pour un gros événement habillé.

Rien à foutre de fournir une photo pour le diaporama préparé par les proches de la mariée ? C'est votre privilège, mais cela concerne votre amie, qui ne manquera pas de remarquer l'absence de Laura et Marie Ingalls pour Halloween, année de CM1 ; cela concerne également le pauvre idiot qui a été embringué dans la réalisation dudit diaporama, et qui a dû rassembler suffisamment de photos pour remplir un PowerPoint qui tienne sur la longueur de *My heart will go on*. (Va te faire foutre, PowerPoint.)

Cela concerne aussi probablement la mère de la mariée, parce que tout concerne la mère de la mariée.

Rien à foutre de décrypter le dress code « tenue d'été créative, de cocktail, mais décontractée » du mariage de votre pote qui se tiendra au country club, au plus chaud du mois d'août ? Bien sûr, vous pouvez porter votre combi-short Old Navy, mais vous courez alors le risque de a) horrifier la belle-famille, b) gâcher au moins deux photos, et c) faire des jaloux. Peut-être même au point que quelqu'un renverse accidentellement du shiraz sur votre combi-short.

Lorsqu'il s'agit de mariages, l'étape 2 devrait être menée avec beaucoup, beaucoup de précautions afin d'optimiser la méthode *MêmePasDésolé* et de limiter les larmes de mariés, les amitiés rompues et votre découvert. On parle ici d'un niveau de précaution type « combinaisons de protection ». (D'ailleurs, en y réfléchissant, il est vraiment dommage qu'elles ne soient pas appropriées pour un mariage.)

Mais une fois que vous serez devenu un expert de la délicate danse entre franchise et politesse requise pour naviguer lors d'un mariage en ayant à vous préoccuper d'un minimum de choses, vous serez sur la bonne voie pour obtenir un maximum de joie – avec un minimum de prises de tête – non seulement lors de tous les mariages où vous auriez (ou pas) à vous rendre, **mais dans la vie en général**. Sachez-le : appliquer la méthode *MêmePasDésolé* aux mariages des autres est une véritable master class !

Je détaille un peu plus loin quatre scénarios de mariage dans lesquels vous pourriez un jour ne plus (ou moins) vouloir vous investir. Vous y testerez votre motivation, mettrez à l'épreuve votre adhésion à la méthode et vous engagerez plus avant sur le chemin de l'éveil.

Chaque scénario est accompagné d'un **diagramme Franchise et Politesse** indiquant la relative franchise/politesse de vos actes. Ainsi, vous vous représentez avec précision le point où votre objectif assumé de n'en avoir rien à foutre s'aligne avec le pic de pratique de la méthode *MêmePasDésolé* – et quand vous vous approchez dangereusement (ou êtes déjà tout au fond) du quadrant Trouduc.

LE MARIAGE PROGRAMMÉ PENDANT UN PONT

La situation : Vos amis ont choisi de se marier pendant un week-end prolongé que vous réservez traditionnellement à une échappée ou à votre réunion de famille annuelle. Il se peut que les futurs mariés ne puissent pas s'arrêter de travailler en dehors des jours fériés. Ou peut-être sont-ils enseignants et les vacances de printemps sont leur « moment ». Peut-être espèrent-ils que les invités seront contents de consacrer ce jour de repos supplémentaire à leur mariage – et c'est vraiment très gentil de leur part ! Mais maintenant, il vous faut choisir entre le week-end que vous avez passé un an à attendre et trois jours à avaler du saumon fumé et échanger des banalités sous 45 °C. Votre objectif est d'accéder à la première proposition.

Comment réagissez-vous ?

LE MARIAGE PROGRAMMÉ PENDANT UN PONT

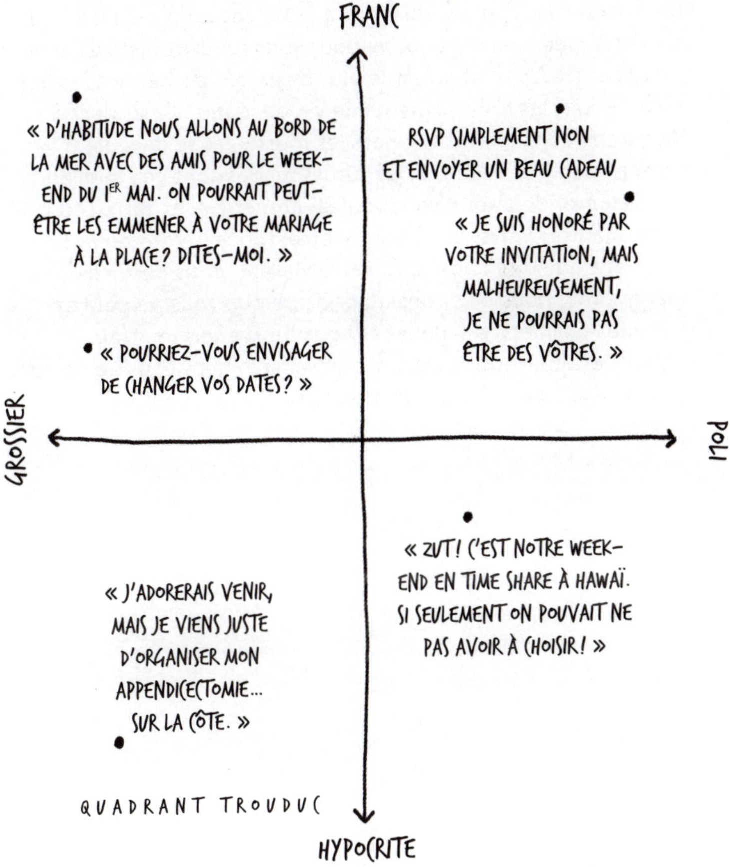

L'ENTERREMENT DE VIE DE JEUNE FILLE OU DE VIE DE GARÇON

La situation : Vous et votre moitié dépensez déjà un fric fou et de précieux jours de congé pour vous rendre au mariage de vos amis. Mais, eh, c'est le plus beau jour de leur vie ! Quoi qu'il en soit, les enterrements de vie de jeune fille et de vie de garçon sont eux aussi « hors les murs », et se déroulent parfois même très loin. Si les futurs mariés sont vos meilleurs amis au monde et que vous voulez remuer ciel et terre (et faire chauffer votre Visa) pour y être, foncez. Vous en avez vraiment quelque chose à foutre ! Mais pour les besoins de ce diagramme, nous partirons du principe que vous ne pouvez pas vous permettre la dépense en temps, énergie et/ou argent, et que vous ne voulez pas y aller – mais vous ne voulez pas non plus passer pour un trouduc.

Comment répondre ?

LA DESTINATION POUR L'ENTERREMENT DE VIE DE GARÇON OU DE JEUNE FILLE

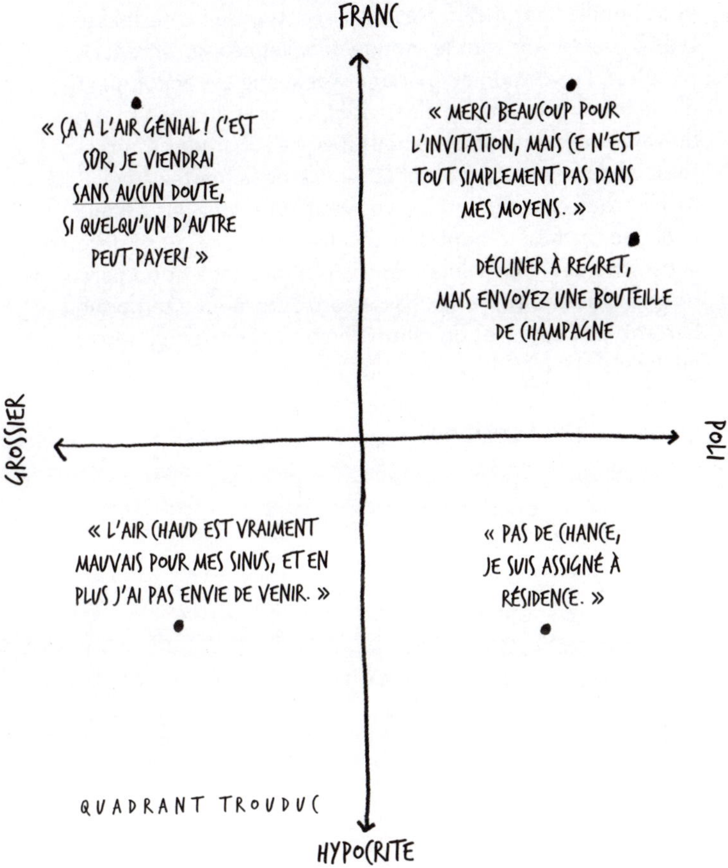

LE MARIAGE AUX SIX MILLE ACTIVITÉS

La situation : la fiancée de votre ami est HYPER-active. Elle et sa famille sont incapables de rester tranquillement assis (au risque de voir tout le monde déballer ses sentiments). Résultat, l'invitation au mariage/week-end est accompagnée d'une brochure remplie d'activités, comme du yoga matinal, du kayak, de la randonnée pédestre, des charades et un tournoi de cricket opposant la famille de la mariée à celle du marié. Tout cela gâcherait à vos yeux un séjour par ailleurs idyllique (et foutrement cher !) au spa branché où se déroule la cérémonie. Vous voulez réserver un massage et un parcours de golf, pas endurer une chasse au trésor menée tambour battant à huit heures du matin en compagnie d'inconnus guillerets.

Comment gérez-vous ça ?

LE MARIAGE AUX SIX MILLE ACTIVITÉS

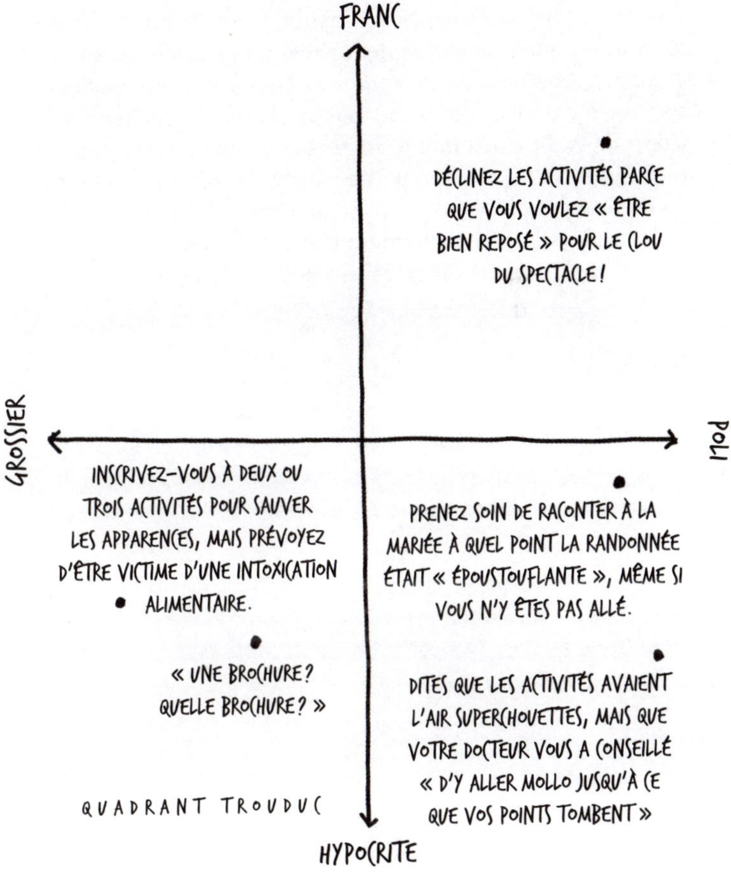

LE BRUNCH DU LENDEMAIN

Le scénario : Le brunch du lendemain est un grand classique. Il se tient généralement avant l'heure du check out de l'hôtel, alors qu'au moins la moitié des invités sont victimes d'une gueule de bois carabinée. Vous avez bien l'intention que ce soit votre cas et voulez passer autant de temps que possible à dormir avant d'attraper le vol retour qui vous a coûté un bras. Vous n'avez pas non plus envie de croiser ne serait-ce qu'un seul des proches que vous pourriez avoir scandalisé la veille avec votre déhanchement habituel Rihanna-me-fait-cet-effet-là, en particulier devant des toasts secs et un buffet froid.

Que faire ?

LE BRUNCH DU LENDEMAIN

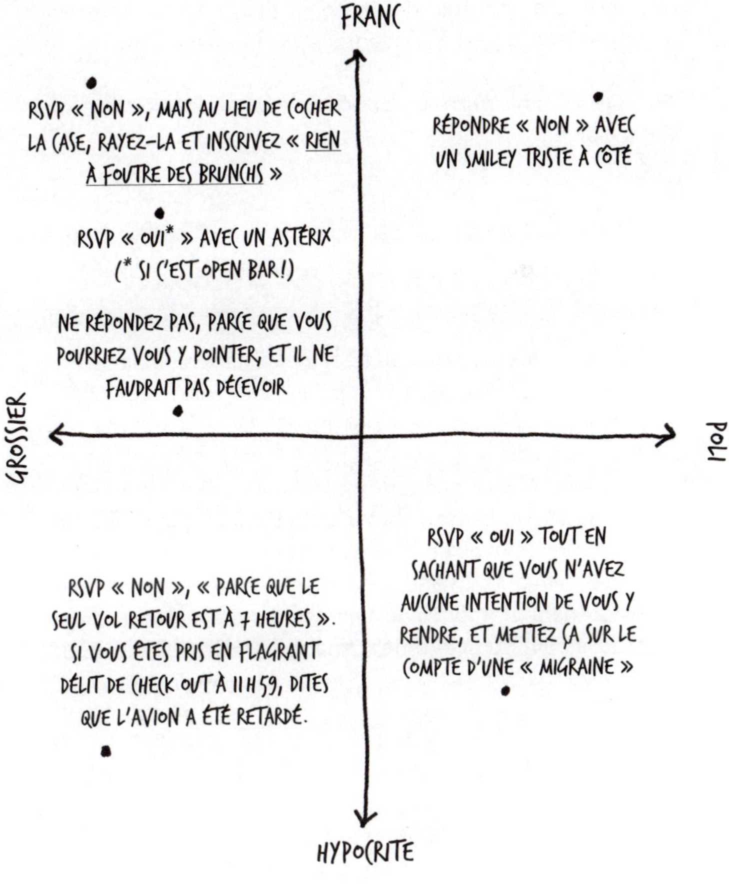

J'espère que cet exercice a été utile (je n'en doute pas). Les diagrammes Franchise et Politesse sont conçus pour illustrer le fait que la méthode *MêmePasDésolé* est simple, mais pas inflexible. Elle peut fonctionner pour des individus différents de différentes façons et s'adapter aux circonstances.

Tant que vous n'atterrissez pas dans le quadrant du trouduc, tout ira bien !

Vous vous dégonflez ? Passez en revue vos principes personnels

Qu'il s'agisse des mariages ou de la vie en général, si la liste de ce dont vous n'avez rien à foutre est longue et que votre aptitude à la franchise et à la politesse diminue, n'oubliez pas que mettre en place de nouveaux principes personnels pour les amis, relations et inconnus est toujours une option. Bien sûr, il n'est pas question d'abuser de cette tactique ou les gens vont commencer à piger. Pensez-y comme un entraîneur de foot américain qui demande un tir court : vous voulez que cela soit surprenant et impossible à contrer pour la défense. Bien effectué, il peut complètement changer la donne.

CATÉGORIE 4 : LA FAMILLE

Comme nous l'avons vu dans la partie II, de très nombreuses réponses à mon sondage se recoupaient lorsqu'il était question de la famille. Nous avons déjà couvert pratiquement toute la gamme, avec cependant une omission flagrante.

En fait, lorsqu'il est question de ce sujet particulier, les omissions flagrantes sont partie intégrante du problème. Oui, c'est bien ça, je parle de l'HÉRITAGE.

Pas étonnant : nous sommes ici à l'interconnexion des éléments étudiés lors de l'étape 1 (blesser les autres, sentiments/opinions, Putain de Budget, obligation/culpabilité) et de ceux introduits lors de l'étape 2 (franchise et politesse, être ou ne pas être un trouduc).

Que l'on parle argent ou bijoux de famille, la question de l'héritage semble avoir pour corollaire une dépense excessive de temps et d'énergie passés en marchandages et plaintes sur qui obtient/mérite quoi, ou qui ne voulait pas/ne méritait pas au tout début.

Et pourtant, nombreux sont ceux à avoir répondu qu'ils n'en avaient rien à foutre de l'argent/héritage.

Hum.

Je ne peux que déduire que comme l'argent est universellement reconnu comme étant le sujet le plus difficile/tabou dans n'importe quelle relation, même ceux qui décident qu'ils n'en ont rien à foutre de partager en six la collection de timbres de Papy – et qui sont prêts à l'admettre dans un sondage anonyme – peuvent trouver compliqué d'appliquer pleinement la méthode *MêmePasDésolé* avec leur famille.

La question de l'héritage peut être épineuse, aucun doute là-dessus. Mais si tous ceux qui déclaraient n'avoir rien à foutre des questions d'héritage **n'en avaient réellement rien à foutre** – fermement, clairement et de manière univoque –, nous pourrions tous passer notre temps à profiter de notre famille et des timbres Black Swan en notre possession avant de commencer à pleurer sur ceux que nous n'avons pas.

Profond, je sais.

Primes de rendement !

Dans la partie II, j'ai reconnu qu'en matière de famille il était inenvisageable de n'avoir rien à foutre de certaines choses. **Mais j'ai aussi affirmé que je vous montrerais comment tirer avantage d'une situation tout sauf idéale.**

Donc, si vous avez achevé l'étape 1 et décidé de quoi vous n'aviez rien à foutre, mais que vous savez que passer à l'étape 2 (n'en avoir effectivement rien à foutre) est juste impossible (pas question Gaston, même pas en passant littéralement sur le cadavre de votre mère), vous pourriez tout aussi bien, puisque vous vous préoccupez du sujet en question, vous octroyer une petite prime de rendement.

Par exemple, s'il vous est impossible d'éviter une fête de famille, prévoyez un massage pour le lendemain. Comme ça, vous avez quelque chose de positif en perspective. Encore mieux, demandez que le massage soit votre cadeau de Noël, comme ça votre famille vous rembourse l'intérêt que vous lui avez porté !

(#ConseilDePro : s'offrir une classe affaires sur le vol retour est aussi un baume efficace – même si follement dispendieux– après un harassant rassemblement familial.)

Ou, si vous devez assister au déjeuner du Rotary Club durant lequel votre mère est récompensée pour services exceptionnels rendus à la communauté – communauté où vous avez grandi et que vous avez fuie à peine majeure –, subtilisez un Percocet dans l'armoire à pharmacie de la lauréate avant de vous rendre audit déjeuner.

Et s'il vous est impossible d'échapper à la photo de groupe, il faut alors vous résoudre à porter votre lingerie la plus sexy ou loufoque ce jour-là. Tout deviendra du coup plus facile à supporter, je vous le garantis. Et votre page Facebook sera saturée de commentaires de type *superbe famille !!!* et *mon Dieu, ils ont tellement grandi !*, vous prendrez un secret plaisir à savoir que vous portiez votre string LES STONES SONT PASSÉS PAR ICI*.

FAQ (Foutoir Aux Questions)

Oh, comme si vous n'aviez jamais fait un mauvais jeu de mots auparavant. Allez-y, jugez-moi. Rien à foutre, c'est mon livre !

Breeeeef, j'ai pensé utile de répondre à quelques-unes des questions qui sont revenues le plus souvent lorsque je

* Il se peut que je sois (ou pas) la fière propriétaire d'un string identique.

parlais de la méthode *MêmePasDésolé* – questions dont je suis presque sûre qu'elles surgissent à votre esprit tandis que vous rayez joyeusement des items sur vos diverses listes. Je connais ça, croyez-moi. Vous avez pris des décisions importantes, mais n'en avoir vraiment rien à foutre ? Il est plus facile de se représenter tranquillement la chose dans le petit confort de son esprit que de l'énoncer à voix haute pendant le dîner de Shabbat. Mon conseil : battez le fer pendant qu'il est chaud. Si vous voulez enfin vivre la vie dont vous rêvez, le changement, c'est maintenant !

Sur ce, voici quelques conseils pour aborder l'étape 2 dans les meilleures conditions.

Q : Dire aux gens « j'en ai rien à foutre » semble horriblement grossier en soi. Vous ne pensez pas que c'est impoli ?

R : Eh bien, si l'expression en elle-même vous arrête, vous n'avez pas en fait à la prononcer à voix haute. Vous pouvez énoncer votre décision de ne pas dépenser votre temps, votre énergie ou votre argent en utilisant une formule autorisée pour tout public (par exemple : « j'avoue ne pas partager ton opinion sur X, mais chacun son point de vue ! »). Je ne pense pas que cela soit aussi marrant, mais c'est mon problème, pas le vôtre.

Q : J'ai peur qu'en ayant rien à foutre de trop de choses, j'aime tellement ça que je me transforme en gros tas paresseux et que je n'aie plus aucune raison de vivre ou d'aimer.

R : C'est une inquiétude légitime, mais l'objectif de la méthode *MêmePasDésolé* n'est pas d'arriver à

#RienAFoutreDeTout (un hashtag amusant, mais impraticable). Le but, c'est de se débarrasser de ce qui ne vous procure aucune joie, afin d'ouvrir la voie à ce qui le fait.

Q : Si n'en avoir rien à foutre est si libérateur, pourquoi est-ce que je me sens si mal à l'aise ?

R : Ne pas porter de vêtements est aussi libérateur. Mais cela peut engendrer un sentiment de malaise parce que notre société n'est pas prête pour de tels débordements. Tout ce que cela demande, c'est un peu de confiance en soir (et de talc) ; vous verrez.

Q : Comment suis-je supposé expliquer tout ça à ma mère ?

A : Vous n'avez qu'à lui envoyer un exemplaire de ce bouquin. Personnellement, c'est comme ça que je prévois de faire avec la mienne.

Q : Même si tout ce que vous dites tombe parfaitement sous le sens (eh bien, merci !), je sais que je ne vais pas réussir à m'intéresser moins à ...

R : Tout ce que peux vous dire, c'est que vous n'en savez rien avant d'avoir essayé. Vous vous souvenez que mon mari pensait que j'étais complètement à côté de mes pompes quand je lui ai demandé s'il me permettait de ranger son tiroir à chaussettes ? Et regardez comment ça a tourné !

Q : Que se passera-t-il si je décide de n'avoir rien à foutre de quelque chose, que je passe à l'acte et que je le regrette ?

R : Là, vous essayez juste de gagner du temps.

Q : Je n'aimerais pas que les gens me disent qu'ils n'ont rien à foutre de quelque chose qui est important pour *moi*, alors comment puis-je leur dire que je n'ai rien à foutre d'un truc important pour *eux* ?

R : Laissez-moi tourner ça autrement. Est-ce que vous aimeriez que les gens se sentent obligés et/ou coupables de faire quelque chose pour vous alors que vous savez qu'ils n'y tiennent pas ? La réponse à CETTE question devrait toujours être non, autrement, vous êtes un trouduc. Et vous ne sauriez pas qu'ils éprouvent ces sentiments, à moins qu'ils n'aient aucun problème à vous le dire, et vice versa. C'est précisément la raison pour laquelle passer à l'étape 2 ouvre la porte à la magie pour tous.

Retour sur investissement

Une fois encore, je tiens à revenir à l'objectif ultime de la méthode *MêmePasDésolé*, qui n'est pas simplement de n'avoir plus rien à foutre de ce qui nous emmerde, mais de nous en libérer afin de pouvoir mieux se consacrer à ce qui nous met en joie.

Préparez-vous donc à plonger dans la seconde moitié de l'équation **avec la partie IV, où, comme on dit, la magie est au rendez-vous…**

PARTIE IV

QUAND LA MAGIE DU J'EN AI RIEN À FOUTRE CHANGE RADICALEMENT VOTRE VIE

Arrivé à ce stade de votre étude de la méthode *MêmePasDésolé*, vous avez cessé d'en avoir quelque chose à foutre de ce que pensent les autres, vous avez développé d'excellentes compétences dans l'investissement de votre intérêt, et avez rédigé une liste conséquente des choses dont vous n'avez rien à foutre, ainsi qu'une liste raisonnable des choses dont vous avez vraiment, vraiment – genre à cent pour cent – quelque chose à foutre. Bravo !

Il y a des chances pour que vous ayez récupéré des centaines d'heures que vous dilapidiez pour des choses et des gens dont vous n'aviez rien à foutre. Si vous avez agi avec doigté, vous n'avez pas été viré et Gail-du-marketing n'a pas mis le feu à votre appartement. Vous avez mis au clair ce que vous éprouvez envers les obligations, les soirées quiz et l'Islande. Vous n'avez perdu que les amis que vous n'appréciiez pas vraiment, et avez évité de vous en faire de nouveaux dont vous n'avez pas besoin. De plus, vous êtes probablement devenu une personne encore plus franche et polie que vous ne l'étiez – ce qui est une excellente conséquence indirecte, si je puis me permettre.

Vous vous êtes rapproché de cet état d'éveil mentionné dans la partie I : n'avoir quelque chose à foutre que de l'essentiel. En mettant de l'ordre dans vos priorités, en vous débarrassant de ce qui vous contrariait et en identifiant les gens et les choses qui vous apportent un maximum de plaisir et de satisfaction, vous profitez d'une vie meilleure.

À ce propos, la partie IV vous réserve une liste de choses auxquelles vous devriez – et pourriez – probablement vous consacrer maintenant que vous avez tout ce temps, cette énergie et cet argent à votre disposition, et qui pourraient vous ouvrir de nouveaux horizons de joie !

Si vous avez encore besoin d'être convaincu, poursuivez impérativement votre lecture...

Vous gagnez à ne pas vous disperser

Dans la partie III, je vous ai recommandé de visualiser vos gains potentiels afin d'aborder l'étape 2 plus facilement. En partant du principe que vous vous en êtes sorti – hourra ! –, chiffrer avec précision ce que vous avez gagné s'avère utile. Vous devriez trouver l'exercice plutôt satisfaisant et votre motivation en sera renforcée.

Comme je l'ai déjà dit, la première chose que l'on tend à récupérer est du TEMPS. Du temps pour méditer tranquillement sur le siège des toilettes plutôt que se précipiter à une téléconférence ; du temps pour se consacrer à cette tuerie de recette de caramel un dimanche après-midi au lieu de lire Moby Dick pour votre club de lecture (qui a choisi ce titre ?) ; du temps à passer avec votre chéri au lieu de, eh bien, passer du temps avec des nazes que vous n'appréciez même pas.

Alors qu'avez-vous gagné jusqu'ici en termes de temps ? Trois heures ? Dix minutes ? Un week-end par mois ? Je sens qu'une liste s'annonce !

LE TEMPS QUE J'AI GAGNÉ EN N'EN AYANT RIEN À FOUTRE DE….

ACTIVITÉ	BÉNÉFICE
Exemple : ne pas avoir regardé la cérémonie des Oscars	2 heures
____________________	____________________
____________________	____________________
____________________	____________________
____________________	____________________
____________________	____________________

La deuxième chose que la méthode *MêmePasDésolé* vous permet de récupérer, c'est de l'ÉNERGIE. Cela peut être aussi simple que de s'accorder une sieste bienvenue, ou aussi complexe que de garder son énergie en abandonnant une activité – ce cours de crossfitt auquel vous vous êtes inscrit uniquement parce que votre copine a insisté – pour *réinvestir* cette énergie dans quelque chose que vous préféreriez faire, comme enfin nettoyer votre voiture parce qu'elle commence à dégager la même odeur que l'haleine d'un chien qui aurait croqué une charogne.

L'ÉNERGIE QUE J'AI GAGNÉE EN N'EN AYANT RIEN À FOUTRE

ACTIVITÉ	BÉNÉFICE
Exemple : ne pas aller me bourrer avec des collègues le lundi	L'assurance d'être en vie le mardi

Dernier point et non des moindres : l'ARGENT. Comme le disait si bien l'humoriste et acteur américain Will Rogers : « Trop de gens dépensent de l'argent qu'ils n'ont pas pour acheter des choses dont ils n'ont pas envie pour impressionner des gens qu'ils n'aiment pas. » Répétez en chœur !

Ce qui concerne l'argent est si facilement quantifiable qu'appliquer la méthode *MêmePasDésolé* et obtenir un résultat en gains financiers tangible se révèle particulièrement satisfaisant. Si vous cessiez d'en avoir à foutre, par exemple, des vêtements de créateurs – en partie parce que vous n'en avez plus rien à foutre de ce que pensent les autres –, vous pourriez épargner des sommes considérables chaque année. Je connais tellement de femmes, en particulier vivant dans la ville cosmopolite de New York, qui, pour suivre le mouvement, dépensent des fortunes dans des fringues de marque alors que des vêtements moitié moins chers leur iraient parfaitement bien et les combleraient.

Ou imaginons que vous êtes un banlieusard qui a cessé d'en avoir quelque chose à foutre d'aller assister tous les dimanches au match de foot de son neveu de six ans – disons tout simplement qu'il y a peu de chance qu'il finisse pro et vous dégote des billets pour la Coupe du monde 2034. Non seulement vous épargnez votre temps et votre énergie, mais aussi l'argent de l'essence ! Le prix d'un plein est juste exorbitant et Tatie a vraiment besoin d'une nouvelle paire de lunettes de soleil dégriffée.

L'ARGENT QUE J'AI GAGNÉ EN N'EN AYANT RIEN À FOUTRE

ACTIVITÉ	BÉNÉFICE
Exemple : ne pas aller enterrement de vie de garçon	Un gros paquet de sous
_______________	_______________
_______________	_______________
_______________	_______________
_______________	_______________
_______________	_______________

Oui, le chemin de l'éveil spirituel est pavé d'heures récupérées, de peps retrouvé et de pièces sonnantes et trébuchantes.

Épargnez votre corps, votre esprit et votre âme

Mais il y a plus ! Le gain que vous *n*'avez peut-être *pas* anticipé, c'est que le simple fait de n'en avoir rien à foutre provoque **une amélioration générale de votre santé mentale et physique.**

Réfléchissez-y : vous n'avez pas seulement gagné du temps, de l'énergie et de l'argent, vous avez gagné une meilleure connaissance de vous-même, de la confiance en vous, et un enthousiasme enfantin pour la vie. En plus, vous vous êtes épargné – réellement – un certain nombre de migraines. Sans mentionner brûlures d'estomac, anxiété et nausée. Vous vous souvenez de la soirée karaoké de votre collègue que vous avez évitée ? Pensez à la gueule de bois que vous auriez pu vous taper ! Vous auriez descendu des margaritas toute la nuit uniquement pour éviter d'étrangler Tim-de-l'informatique avec le fil de son micro. Le réveil aurait été violent, croyez-moi.

Vous avez décidé de n'en avoir rien à foutre ? Pas de nuit agitée, ni de mal au crâne, ni de bouche sèche durant votre présentation matinale, ni de décompte silencieux des minutes jusqu'à pouvoir faire une sieste sous votre bureau à l'heure du déjeuner – sans parler du torticolis qui va avec… Pas de doute, les avantages révélés par l'analyse des coûts et rendements sont ici incontestables.

Vous avez plus de **temps** pour faire ce que vous voulez vraiment faire après le boulot (traîner en sous-vêtement sur le canapé à manger des Craquottes en regardant *Ninja Warrior*).

Vous avez **décidé** que regarder *Ninja Warrior* était bien plus agréable pour vous que chanter avec Tim-de-l'informatique (et vous avez agi en connaissance de cause parce que **vous n'avez dorénavant plus rien à foutre de ce que Tim ou qui que ce soit d'autre pense**).

Vous avez plus d'énergie le lendemain matin à consacrer à l'inévitable usage de votre rasoir, et ce sans vous blesser (visage, jambes ou maillot : se raser avec la gueule de bois n'est pas à prendre à la légère). Vous avez toujours l'argent que vous auriez dépensé en tequila, plus une commande tardive chez Domino's Pizza dans une tentative (mal venue) d'éponger tout cet alcool.

Oui, vous siffloterez dans la salle de repos pendant que vos collègues s'abandonneront à des siestes inconfortables sous leur bureau. Il est aussi probable que vous soyez particulièrement efficace ce jour-là, parce qu'ils auront trop mal au crâne pour vous importuner !

Réfléchissez à tous les autres merveilleux avantages dont pourraient bénéficier votre corps, votre esprit et votre âme par le simple fait de n'en avoir rien à foutre.

LE CORPS

Tant d'attentions accordées de façon superflue ont pour conséquence directe une bonne gueule de bois – nous en avons discuté en long, en large et en travers –, mais qu'en est-il de celles qui conduisent à se blesser physiquement ?

Je garde un vif souvenir d'un matin où j'ai passé dix minutes de plus à jouer au Scrabble en ligne avec mon frère au lieu de partir prendre mon train. Je savais que c'était serré, mais j'étais si heureuse de le pulvériser avec un « WAX » placé sur un mot compte triple avant d'aller au bureau !

Bien sûr, mon train était sur le point de partir alors que j'étais encore dans les escaliers menant aux quais. Bien sûr, j'ai couru (avec mes talons, dont je n'avais pas encore renoncé à en avoir quelque chose à foutre) et, bien sûr, je l'ai raté de quelques centimètres, me tordant la cheville au passage. Je me suis retrouvée en nage et haletante, la cheville enflant à vue d'œil, et complètement furax. Résultat, j'ai ajouté « courir pour attraper un train » sur ma liste des choses-dont-je-n'ai-personnellement-rien-à-foutre et, depuis, j'ai économisé une fortune en soins orthopédiques.

L'ESPRIT

Remettre ses idées en ordre est encore mieux que ranger son intérieur parce qu'on n'est pas arrêté en chemin par un plafond ou un mur. L'intérieur de votre crâne est peut-être bien encore empli de matière grise spongieuse, mais ce labyrinthe intangible d'anxiété, d'inquiétude, de panique et de peur a été mieux nettoyé qu'une église avant la visite du pape. Les bénéfices du « j'en ai rien à foutre ! » sur la santé mentale sont vastes et infinis.

Par exemple, imaginez ce qui pourrait arriver d'ici des décennies si aujourd'hui, vous décidez d'arrêter d'en avoir quelque chose à foutre d'assister aux services du dimanche (désolé, Pape). Au lieu de cela, vous consacrez vos matinées du dimanche aux mots croisés du *Sunday Times*. Votre futur vous, qui ne souffre pas d'Alzheimer, apprécie énormément ! Cette paix de l'esprit n'a pas de prix.

L'ÂME

Ça va secouer un peu ici, mais restez avec moi. Bien que tout le monde n'ait pas la même définition de l'âme, force vive éthérée séparée de notre enveloppe charnelle, je parie que la plupart d'entre nous comprennent les concepts de « peser de tout son poids sur l'âme » ou « menacer de détruire son âme ». Ils concernent les choses qui nous blessent à un niveau profond, cellulaire. Il ne s'agit pas des trucs dont notre agenda est bourré, ou de ceux qui pompent notre énergie, mais du genre d'activités, de tâches ou de gens qui restreignent sérieusement notre liberté même. Oui, je me rends bien compte que j'ai l'air de Mel Gibson dans *Braveheart*.

Eh bien j'affirme que *liberté* est un autre terme pour *âme*. En n'ayant rien à foutre de tous les trucs négatifs, et en nous consacrant à ceux qui nous rendent heureux, nous avons à tendance à gagner le genre de liberté que certains décriraient comme... oserais-je dire... « l'affirmation de l'âme ».

Une autre manière de n'en avoir rien à foutre

La méthode **MêmePasDésolé** s'appuie sur le principe d'en avoir ou pas à foutre de certaines choses. Même après avoir décidé de n'en avoir rien à foutre, l'étape 2 requiert un *passage à l'acte* : décliner une invitation, refuser d'assister à une réunion, expliquer le dernier principe personnel que vous avez adopté. Et puis, il y a l'intérêt que vous décidez de porter à d'autres choses à la place, qui demandent du temps, de l'énergie et de l'argent, bien que vous soyez heureux de les dépenser.

Mais il y a une autre manière de n'en avoir rien à foutre. Elle est en fait assez passive et ses effets sont les mêmes à court et à long terme. J'assimile cette version à l'usage d'une sorte de mantra qui serait : *ça n'en vaut pas la peine.*

Vous pourriez trouver utile d'adopter cette technique quand, par exemple votre interlocuteur – comme votre boss ou la compagnie du câble – se comporte en véritable trouduc ou se montre suprêmement incompétent, mais que vous ne pouvez rien y faire. Vous pourriez péter les plombs, faire grimper votre tension, risquer de perdre votre boulot, et/ou voir votre connexion au câble inexplicablement interrompue. Mais cela ne sert à rien si tout ce que vous souhaitez, c'est quitter le boulot, rentrer chez vous et regarder Bein Sport 2 en paix.

Dans ce genre de situations, il est facile de se retrouver en proie à une vertueuse indignation, un état qui vous coûte bien plus que votre obséquieux/stupide adversaire ne le mérite. Plutôt que de laisser ce mauvais karma vous dévorer comme une mante religieuse engloutit son amant après le coït, essayez juste de... n'en avoir rien à foutre.

Répétez-vous ça *n'en vaut pas la peine*, et passez à autre chose.

Un monde meilleur

En devenant l'un des quelques êtres à avoir atteint l'éveil qui parcourent la planète en n'en ayant rien à foutre, vous allez inévitablement vous retrouver à transmettre votre sagesse nouvellement acquise à vos semblables. Je ne peux vous dire combien de gens m'ont écouté chanter les louanges de ma méthode *MêmePasDésolé* et ont sur-le-champ résolu d'opérer leurs propres changements. J'ai aidé des collègues à voir la lumière dans le domaine de la paperasse inutile, des amis à prendre de meilleures décisions dans l'utilisation de leurs jours de congé, et même mes parents à ne plus avoir rien à foutre d'un certain nombre de choses. Ils sont si fiers.

Je ne fais pas ça par altruisme. Je n'ai rien à foutre de l'altruisme ! Je le fais parce que cela ME fait du bien. Croyez-moi : si n'en avoir rien à foutre fait un bien fou, aider quelqu'un à y parvenir est encore plus agréable.

Et enfin, je le fais parce que si nous en avions tous moins à foutre et étions exponentiellement plus heureux et en meilleure santé, le monde s'en porterait bien mieux. Pour moi.

Savoir ce que vous pouvez faire sans

Ou « ce dont vous n'auriez probablement jamais dû avoir quelque chose à foutre ».

Un super effet secondaire quand on apprend à n'en avoir rien à foutre est qu'une fois que vous avez accepté les conséquences ou « douleurs de croissance » des premières tentatives, vous adoptez petit à petit un rythme où vous arrêtez de vous interroger sur vos motivations – ce qui réduit de manière significative le temps passé à en avoir à foutre tout comme les doses d'anxiété concomitantes. **L'hésitation (et l'anxiété) est systématiquement une source d'emmerdements supplémentaires.**

Avec la méthode *MêmePasDésolé*, vous disposez des outils et approches nécessaires pour aborder la vie d'un point de vue différent, celui de quelqu'un capable d'évaluer rapidement et facilement n'importe quelle situation donnée et d'agir en conséquence, ce qui vous permet de consacrer le temps gagné (tout comme l'énergie et l'argent) à d'autres choses.

Le meilleur dans tout ça, **c'est que vous réaliserez que n'avoir rien à foutre de certaines choses N'A PAS nécessairement comme corollaire, le temps passant, que vous vous préoccupiez d'autres choses à *investissement égal*.**

Vous découvrirez probablement que, une fois que vous avez cessé de vous soucier de tout un tas de trucs qui ne vous rendaient pas heureux, et que vous avez commencé à vous repencher sur des sujets que vous aviez négligés et qui le font, il n'y a pas tant de choses que ça auxquelles vous devez vous attaquer. Qu'*il n'y a pas* quarante-sept tâches, événements, personnes et passe-temps jusque-là négligés qui méritent de remplacer les quarante-sept dont vous avez fini par vous détourner.

Je ne sais pas pour vous, mais en ce qui me concerne, il est tout simplement impossible d'occuper les vingt-quatre heures d'une journée avec ce dont j'ai vraiment quelque chose à foutre.

En d'autres termes, j'ai plein de « temps mort », et c'est foutrement génial.

Ce dont vous devriez avoir davantage quelque chose à foutre

Révélation : les choses vont devenir un peu contre-intuitives dans ce qui suit. Ne dites pas que je ne vous ai pas prévenu. (Parce que je l'ai fait, page 194).

Jusque-là, nous nous sommes principalement concentrés sur un ratio de un à un entre ce dont on a rien à foutre/ce dont on a quelque chose à foutre – comme quitter le boulot à dix-huit heures tapantes pour ne pas rater le premier coup de batte des Dodgers, ou renoncer à la soirée *Koh-Lantah : les singes contre les robots* chez votre pote pour dévorer un sac de Tostitos en finissant de lire ce livre. Ce sont des récompenses légitimes, et dans bien des cas quotidiennes. Et elles vont changer votre vie.

Mais une fois que vous avez pigé le truc de la méthode *MêmePasDésolé*, vous risquez d'être impatient, capable et même excité à l'idée d'aller plus loin. **La magie, voyez-vous, peut fonctionner à une plus grande échelle.**

Je suis sûre que vous avez vu ces listes qui se baladent sur les réseaux sociaux de temps à autre avec des titres comme « Vingt conseils d'un retraité à ceux qui ont vingt ans » ou « Ce que les gens sur le point de mourir regrettent le plus », et peut-être avez-vous pensé : peu importe, j'ai encore quelques décennies devant moi avant de m'inquiéter de tout ça.

La réalité, c'est que, à moins qu'un médecin réputé vous ait donné une estimation approximative (et parfois même pas dans ce cas), absolument personne ne sait quand il quittera son enveloppe charnelle. C'est morbide, mais c'est comme ça. Vous pouvez passer sous un bus demain, ou être dévoré par une meute de loups, ou encore mourir de peur devant un clown.

Vu sous cet angle-là, n'avez-vous pas envie de faire en sorte que chaque seconde compte ?

Parfois, cela signifie porter une attention nouvelle, prolongée à certaines choses auxquelles nous n'avions accordé jusque-là que des miettes.

Afin de vous aider à y parvenir (parce que je suis ce genre de fille), j'ai pris la liberté d'explorer le Net à la recherche des myriades de versions des listes préalablement mentionnées, et j'ai sélectionné cinq des regrets les plus fréquemment évoqués – à savoir **ce dont vous devriez probablement avoir davantage quelque chose à foutre**. Gardez à l'esprit qu'il ne s'agit pas de les confondre avec les gains à court terme que vous avez déjà pu obtenir après l'adoption de la méthode *MêmePasDésolé*. Non, ce sont des objectifs à long terme, qu'il est facile de perdre irrémédiablement de vue au profit des préoccupations quotidiennes, ces dernières dominant la vie de la plupart des individus.

Sans ordre défini, cela donne :

Voyager Un voyage ici et là pour se récompenser de n'avoir rien eu à foutre d'une obligation est une chose, mais ce dont les gens qui contribuent à ces listes dans les annales de l'Internet parlent, c'est du vrai voyage. De la soif de découvertes. D'aller partout. Les voyages pourraient être partie intégrante de votre vie et ne pas se limiter à un week-end entre potes sur la Côte tous les six mois (bien que ça soit chouette aussi).

S'occuper plus de sa santé Sincèrement, je n'ai rien à foutre de faire du sport uniquement pour brûler des calories et transpirer dans ma brassière, mais la santé ne se mesure pas seulement au nombre de levers de poids que vous êtes capable d'enchaîner. La santé, c'est aussi dormir mieux, rester calme et peut-être aussi, en période de stress, ne pas descendre toute une quatre-fromages géante. Ce qui m'est arrivé plus d'une fois (quant à vous, je ne sais pas).

Apprendre une langue étrangère Rome ne s'est pas faite en un jour, pas plus que vous ne maîtriserez l'art de la conversation en italien durant l'heure gagnée en ayant évité un infernal atelier *team building*. Mais même si vous n'avez aucune intention de lire Dante dans le texte, cela vaut le coup de remarquer que ce regret ressemble à beaucoup d'autres – courir un marathon, par exemple, ou faire pousser vos légumes – et qu'il est terriblement facile de surseoir parce que *c'è sempre domani.*

Préparer sa retraite Peut-être n'avez-vous rien à foutre d'avoir un revenu stable et suffisant lorsque vous serez trop vieux et décrépit pour vous pointer tous les matins au bureau. Peut-être que votre credo est : « Vivre à fond, prendre sa retraite sans un kopek. » C'est cool, mais il semble que *beaucoup* de sexagénaires et plus voit les choses autrement, raison pour laquelle je vous en parle.

Maîtriser un incroyable talent Si vous êtes le genre d'Esprit éclairé qui est parvenu à réduire avec succès le nombre de ses corvées au Travail, avec les Amis et avec la Famille afin de passer quelques heures par semaine éperdu de bonheur à jongler avec des quilles enflammées, et ce pour la seule raison que c'est votre truc à vous, vous êtes officiellement un gagnant.

Soyez vous-même

Mais il est possible que vous soyez casanier. Ou déjà un dingue de sport. Ou que, comme moi, vous manquiez tristement de coordination et n'apprendrez jamais à jongler. Ce que je cherche à vous dire, c'est que vous n'avez pas à vous intéresser à quoi que ce soit de la liste mentionnée ci-dessus, ou à quoi que ce soit intéressant QUI QUE CE SOIT d'autre que vous.

Vous pouvez prendre ou ne pas prendre en compte mes suggestions.

La magie du « j'en ai rien à foutre ! » est là pour répondre à un besoin d'aspirations et d'inspiration, loin de toute oppression. Mon couplet sur le karaoké, par exemple, a toutes les chances de ne pas être populaire auprès d'au moins la moitié des lecteurs de ce livre. Il risque aussi de surprendre ceux qui m'ont vu chanter *Faith* ou *Like a Virgin* sous la double emprise du punch et de la pression de mes pairs. Bref. Je suis moi, soyez vous !

En écrivant ce livre, j'ai tendu l'oreille non seulement aux anonymes qui ont répondu à mon sondage, mais aussi à mes amis, ma famille, mon agent et son assistante, mon éditeur, la chargée de communication et toute l'équipe de ma maison d'édition, ainsi qu'à quelques inconnus qui se sont trouvés par hasard au bon endroit au bon moment. (De rien.) Ces échanges m'ont amenée à la déduction suivante : le chemin de chacun vers l'éveil est pavé d'une association unique de ce dont il a ou pas quelque chose à foutre, et la joie éprouvée par l'un peut facilement être synonyme de contrariété pour l'autre.

Et ce n'est pas un problème. Ce dont vous avez quelque chose à foutre vous appartient. À vous de l'évaluer, de le prioriser et d'en profiter comme vous l'entendez.

Vous êtes aussi autorisé à changer d'avis, à corriger vos principes personnels et à les réorienter en fonction. Vous avez entendu parler des crimes d'opportunité ? Eh bien, il pourrait vous arriver d'en avoir quelque chose à foutre par opportunité, et on n'y peut rien. Vous voyez, je n'ai vraiment sincèrement rien à foutre du karaoké, mais si je suis déjà dans un bar, que quelqu'un balance le micro sous mon nez et que je me suis enfilé une dose de Bacardi qui suffirait à anesthésier un poney, eh bien... ce sont des choses qui arrivent.

Ce que je veux dire, c'est que, dans l'excitation du moment, vous pourriez vous retrouver à en avoir quelque chose à foutre, et peut-être même que cela vous procure de la joie. Ou, au moins, que cela en procure à ceux qui vous regardent vous ridiculiser, ce qui n'est pas le pire que vous puissiez faire à un autre être humain de temps à autre.

Que les haineux aillent se faire foutre

Dans la veine du tout premier avertissement que je vous ai transmis – à savoir : n'avoir rien à foutre de ce que pensent les autres –, je voulais porter une attention particulière à un sous-ensemble de ces « autres » : les haineux. Arrivé à ce stade de votre initiation à la méthode *MêmePasDésolé*, vous risquez d'en rencontrer quelques-uns et devez y être préparé. Ces individus sont au mieux déconcertés, au pire gravement offensés par vos décisions vitales. Pour une raison ou pour une autre, ils n'ont tout simplement pas l'envie ou les ressources nécessaires pour accepter le *MêmePasDésolé*. Aucun problème ! Mais vous n'avez pas à être déstabilisé par leur étroitesse d'esprit ou leur inquiétude. Votre vie est géniale et s'améliore de jour en jour. Qu'ils aillent se faire foutre !

Atteindre l'éveil

Qu'importe où vous vous trouviez sur le spectre du *MêmePasDésolé* quand vous avez attaqué la lecture de ce livre, je suis sûre que vous avez progressé dans votre quête personnelle. Vous avez rejoint les rangs des Esprits éclairés parmi lesquels on dénombre moi-même, Serena Williams et le présentateur Pat Kiernan*. Sérieux, ce type a fait du « rien à foutre » une forme d'expression artistique. Nous devrions tous aspirer à ressembler plus à Pat Kiernan, qui a joué son propre rôle dans *Spider Man 2* et le nouveau *Ghostbusters*.

Mais revenons-en à vous.

Si vous en êtes arrivé jusque-là, c'est que vous avez dû le vouloir ne serait-ce qu'un peu, non ? Vous devez en avoir eu marre de voir votre vie comme une série d'obligations auxquelles répondre, de gens à supporter et de plages

---

* https//en.wikipedia.org/wiki/Pat_Kiernan.

horaires dans votre agenda, que vous devez désespérément remanier jusqu'à ce qu'un joker intervienne dans le jeu sous la forme d'un après-midi libre.

Ou peut-être ce livre vous a-t-il été offert, auquel cas la personne qui l'a fait essaie peut-être de vous dire quelque chose.

Quel que soit le chemin qui vous a conduit ici, j'espère que *La magie du « j'en ai rien à foutre ! »* vous a démontré que tout cela est possible, et ce sans que vous fassiez de dépression nerveuse. Deux semaines de cure de sommeil, ça peut être sympa, aucun doute là-dessus. Mais vous n'aviez pas besoin de tirer sur la corde juste pour vous pendre avec.

Waouh, c'était sombre... désolé.

Ce que je cherchais à vous dire, c'est que le *MêmePasDésolé* n'est pas seulement prescriptif, mais aussi prophylactique !

Elle peut vous permettre de vous sortir la tête du nœud coulant mais, mieux encore, empêcher que vous n'en arriviez jamais à ce stade. Peut-être allez-vous vous référer quotidiennement à ces pages, comme certains le font avec la Bible, ou périodiquement, comme à un plan des transports publics. Vous pouvez user de ce livre comme d'un GPS pour votre âme. Ou l'emmener dans un champ et l'enterrer. Je n'y accorde aucune importance.

Vraiment, Sarah ? Et pourquoi donc ?

Je crois que vous savez pourquoi.

POSTFACE

Depuis que j'ai commencé la rédaction de *La magie du « j'en ai rien à foutre ! »*, j'ai vu beaucoup de gens avoir quelque chose à foutre de ce dont ils ne voulaient pas ou n'avaient pas besoin d'avoir quelque chose à foutre.

J'ai vu des amis travailler pendant le week-end sans la moindre compensation, des gens accepter des rendez-vous auxquels ils n'avaient aucune envie de se rendre et mon propre mari perdre une bataille avec un employé d'un centre d'appels. Cela me remonte le moral de savoir que la méthode *MêmePasDésolé* est maintenant disponible pour tous ceux qui en ont besoin, une philosophie qui les aidera à obtenir une vie meilleure, et ce dès aujourd'hui.

En 1837, Hans Christian Andersen a écrit un conte de fées intitulé *Les habits neufs de l'empereur*. Un monarque délirant parade en ville tout nu alors qu'il pense porter un vêtement d'un tissu si fin qu'il est invisible à toute personne « à l'esprit trop borné » – c'est en tout cas ce que les faux tisserands qui lui avaient vendu la tenue l'avaient amené à croire. L'empereur lui-même ne pouvait distinguer le tissu, mais bien sûr il ne l'aurait avoué pour rien au monde. Pas plus que ses nombreux conseillers, qui souhaitaient garder leur boulot. Et les habitants de la ville qui assistaient à la parade non seulement prétendaient voir l'habit, mais louaient la beauté du tissu et la finesse du travail des tisserands. Jusqu'à ce qu'un enfant crie : « Mais il ne porte rien du tout ! »

Au bout du compte, la foule, soulagée par la vérité, admit qu'elle voyait ce qui se trouvait sous son nez depuis le début.

J'aime à me considérer comme cet enfant. Sauf que l'empereur représente la société et ses vêtements sont le temps, l'énergie et l'argent perdus qui pèsent sur ma vie. Et moi, je me tiens là, à crier : « J'en ai rien à foutre ! »

Et pour vous, habitants de la ville, il peut en être de même.

C'est mon rêve.

Et bien que je n'aie pas moi-même encore atteint le nirvana du *MêmePasDésolé*, je progresse chaque jour sur le chemin de l'éveil. Pas exemple, rien que cette semaine, je n'ai rien eu à foutre de la cuisine thaïe, des programmes TV de seconde partie de soirée et du Comité national démocrate. Arrêtez de m'appeler, les gars, ça devient vraiment soûlant.

Enfin, j'ai passé beaucoup de temps à justifier le concept de n'en avoir rien à foutre auprès de personnes qui l'estiment être… vache. Genre méchant. Limite sociopathe, peut-être ?

Dommage. D'un côté, je ne veux pas qu'ils aient une mauvaise opinion de moi. Mais de l'autre, je suis là, ayant quelque chose à foutre de moins de choses et de façon bien plus pertinente, et vivant ce que la vie me réserve de meilleur. Et vous savez quoi ?

Même pas désolée.

ARRÊTEZ D'EN AVOIR QUELQUE CHOSE À FOUTRE

ET COMMENCEZ
À VIVRE CE
QUE LA VIE
VOUS RÉSERVE
DE MEILLEUR

REMERCIEMENTS

Je suis heureuse de vivre à une époque où les « rien à foutreries » des personnalités publiques, comme celles du commun des mortels, sont diffusées dans le monde entier. Sans ordre d'importance, j'aimerais remercier ces membres du Panthéon des Je-m'en-foutistes pour m'avoir inspirée quotidiennement lors de la rédaction de ce livre :

Le Panthéon des Je-m'en-foutistes

3 octobre 1992 : Sinéad O'Connor déchire une photo du pape dans le *Saturday Night Live*.

20 janvier 2015 : Ruth Bader Ginsburg s'endort pendant l'État de l'Union... parce qu'elle était ivre.

25 juillet 1965 : Dylan ose la guitare électrique au festival de Newport.

13 septembre 2009 : Le « Imma let you finish » de Kanye West aux MTV Video Music Awards*.

---

* Alors que Taylor Swift était récompensée, Kanye est venu lui arracher le micro pour déclarer qu'il était vraiment content pour elle, mais que Beyoncé était meilleure. De quoi déclencher une guerre des tweets. *(N.d.T.)*

28 février 2011 : Charlie Sheen sur le plateau de *Today* exige 3 millions de dollars par épisode de Mon oncle Charlie, et déclare avoir du « sang de tigre » dans son ADN.

7 juin 1993 : Prince change de nom pour un symbole imprononçable afin de rompre son contrat avec la Warner Brothers.

15 décembre 2011 : RIP, Christopher Hitchens, qui ne lâchait rien.

10 mars 2003 : Natalie Maines déclare en public à Londres que les Dixie Chicks « ont honte que le président des États-Unis soit texan ».

19 octobre 2015 : un passager de la Southwest Airlines étrangle prétendument une femme ayant allongé son siège sur lui.

16 février 2007 : Britney Spears se rase le crâne, se fait tatouer et, une semaine plus tard, attaque une voiture à coups de parapluie.

21 octobre 1992 : Madonna publie un livre de photos érotiques, *Sex*, où elle apparaît avec son mec du moment... Vanilla Ice.

21 septembre 2015 : Pizza Rat n'en a rien à foutre*.

---

* https://www.youtube.com/watch?v=UPXUG8q4jKU.

* * *

Je suis ce dont mon mari, Judd Harris, a principalement quelque chose à foutre, jour après jour. Sans compter qu'il me coache depuis 1999 dans ma quête de la meilleure vie possible. C'est lui le foutu meilleur !

Mon agent, Jennifer Joel, est l'incarnation de la sophistication et de la classe. Du coup, qu'elle donne son appobation à ce projet signifie beaucoup à mes yeux. Son soutien a été total et inconditionnel depuis le tout début. C'est une foutue star.

Mon éditeur, Michael Szczerban, m'a sauvé la mise à de nombreuses reprises et ce, avec un sang-froid remarquable alors que les délais étaient serrés. C'est un éditeur génial et un foutu super mec.

De nombreuses personnes chez Little, Brown et ICM – dont Ben Allen, Reagan Arthur, Sabrina Callahan, Meghan Deans, Nicole Dewey, Liz Farrell, Lauren Harms, Sarah Haugen, Andy LeCount, Charles McCriry, Garrette McGrath, Madeleine Osborn, Miriam Parker, Tracy Roe, Cheryl Smith et Tracy Williams, mais pas seulement – ont véritablement eu quelque chose à foutre de tous les aspects de la publication de ce livre. Jane Sturrock, chez Quercus UK, Fredereika Van Traa, chez Kosmos en Hollande, Mariana Rolier chez Rocco au Brésil et Ulrike von Stenglin chez Ullstein Verlag en Allemagne ont mené la charge à l'internationale. Foncez, l'équipe JARAF !

Mes parents n'ont pas bronché devant mon titre. Cela étant, ma grand-mère a été informée que j'écrivais un livre sur les loutres.

Enfin, *La magie du « j'en ai rien à foutre ! »* n'aurait pas été aussi abouti sans la contribution des centaines de personnes à travers le monde qui ont répondu à mon sondage anonyme et qui, par là même, le restent.

Je n'oublie pas les quelques douzaines d'amis et de membres de la famille qui m'ont inspirée en cours de route, et qui préféreraient probablement rester anonymes. Je peux respecter ça. Une fois que vous aurez lu le livre, vous vous reconnaîtrez, et vous saurez que je vous remercie.

À PROPOS DE L'AUTEUR

Sarah Knight est auteure et ses livres sont des best-sellers internationaux. *La magie du «J'en ai rien à foutre ! »* a été traduit dans vingt-et-une langues, et son intervention TEDx, « The Magic of Not Giving a Fuck », comptabilise plus de cinq millions de vues. Son deuxième livre, *Arrête de déconner !*, est un best-seller du New York Times.

On a pu lire Sarah également dans Glamour, Harper's Bazaar, Marie-Claire, Red, Refinery29, et ailleurs.

Après avoir démissionné de son poste en entreprise en 2015 pour se mettre à son compte, elle a quitté Brooklyn pour s'installer en République dominicaine.

Vous pouvez suivre Sarah sur sarahknightauthor.com, Twitter et Instagram où elle sévit sous le pseudo @MCSnugz, ou vous inscrire à sa newsletter via tinyletter.com/sarahknight.

Pour en savoir plus sur Sarah : sarahknightbooks.com
@MCSnugz sur Twitter et Instagram.

Achevé d'imprimer en Italie par Elcograf en Avril 2022
Pour le compte des Éditions Marabout (Hachette Livre)
58, rue Jean Bleuzen, 92178 Vanves Cedex

Dépôt légal: juin 2019
ISBN: 978-2-501-14114-7
4187569